TRAVESSIAS E MÁGOAS

TRAVESSIAS E MÁGOAS

Psicografado pela médium *Leo Fernandes*
e ditado pelo Espírito de Anya Ruiz.

© Publicado em 2014 pela Editora Isis.

Revisão de textos: Rosemarie Giudilli
Diagramação e capa: Décio Lopes

DADOS DE CATALOGAÇÃO DA PUBLICAÇÃO

Fernandes, Leo

Travessias e Mágoas/Leo Fernandes | 1ª edição | São Paulo, SP | Editora Isis, 2014.

ISBN: 978-85-8189-045-6

1. Espiritismo 2. Literatura brasileira I. Título.

Proibida a reprodução total ou parcial desta obra, de qualquer forma ou por qualquer meio seja eletrônico ou mecânico, inclusive por meio de processos xerográficos, incluindo ainda o uso da internet sem a permissão expressa da Editora Isis, na pessoa de seu editor (Lei nº 9.610, de 19.02.1998).

Direitos exclusivos reservados para Editora Isis.

EDITORA ISIS LTDA
www.editoraisis.com.br
contato@editoraisis.com.br

Homenagem *In Memoriam*

Ao arquiteto Edilson Russul,
exemplo de renúncias e abnegações,
os nossos eternos agradecimentos pela
amizade e pela colaboração prestimosa
aos estudos e práticas mediúnicas.

Que Deus o tenha sempre a seu lado.

DEDICATÓRIA

A todos aqueles Médiuns que no reduto familiar e principalmente em suas intimidades, sofrem as agruras da vida, lutando em constantes questionamentos diante de fracassos, e que muitas vezes se sentem perdidos e sem repostas, mas que são incansáveis em seus objetivos nobres. Para estes que já compreenderam que seja pelos caminhos do fracasso ou do sucesso, na travessia de cada um, que as dores e as alegrias são as mestras, mas que essa luta não é sua, mas de todos, que o Amor e o Saber são as asas que nos tornarão leves, e assim voaremos mais alto em direção à luz, mas de mãos dadas.

Leo Fernandes

SUMÁRIO

Introdução 11

Capítulo 1 13

Capítulo 2 29

Capítulo 3 49

Capítulo 4 67

Capítulo 5 83

Capítulo 6 97

Capítulo 7 107

INTRODUÇÃO

SONHO OU REALIDADE?

Muitas vezes, ficamos a imaginar que a nossa mente esteja nos pregando alguma peça quando certas situações nos causam este tipo de estranheza. Quando duvidamos do nosso próprio bom-senso, discernimento ou capacidade de avaliação, e nos encontramos à mercê das circunstâncias que nos envolvem.

A Ciência ainda hoje engatinha pelos escrutínios da mente humana em busca de respostas que nos facultem entendimento mais amplo a ponto de podermos dominar estas circunstâncias.

Vale ainda lembrar que, assim como tecnicamente se buscam estas respostas, também no campo religioso a situação não é diferente.

Isto porque a Filosofia, a Ciência e a Religião, apesar de quase nunca andarem de mãos dadas, tem cada qual e a seu modo tentado orientar a Humanidade ao longo dos tempos.

Mas, poderíamos questionar quanto de orientação e quanto de direcionamento tem se, verdadeiramente, verificado ao longo dos tempos.

Sim, porque manter a massa na ignorância sempre levou privilégios para alguns poucos.

E quando, dentre estes poucos que detêm um pouco mais de conhecimento desponta alguém com verdadeiro espírito de liderança, mas voltado para a evolução, logo é obliterado por forças hercúleas com interesses escusos.

Felizes daqueles dentre a Humanidade que buscam, no âmago de suas entranhas, o recurso próprio que por herança divina lhe proporcione a razão e a esperança de acertar. Sim, porque ao voltarmos os olhos para a Criação Divina não podemos crer que qualquer um de nós esteja desamparado nesta longa caminhada que chamamos de vida.

E, em forma de amparo advindo da pura reflexão, Anya Ruiz nos coloca à mão um excelente roteiro de forma a orientar a travessia de cada um pelos caminhos da vida.

Porque sem sombra de dúvida todos nós trilhamos a mesma seara – nascer, crescer e nos multiplicar interferindo diretamente nos destinos de todos.

J. Livramento

CAPÍTULO 1

O despertar de Antony Gregory Shanenbry obedecia a uma rotina que beirava a um ritual. Sem abrir os olhos, todos os dias ele se espreguiçava e rolava mais um pouco entre os lençóis e almofadas que exalavam um leve perfume de gardênia. Sem pressa alguma, entre mais um cochilo e outro reflexionava sobre suas intenções para o novo dia. Revia mentalmente suas atitudes, repensava suas trapaças, se divertia com as vitórias e maquinava suas vinganças de forma capciosa, no geral, atividades enfadonhas no cotidiano, e carregadas de malícias no que se referiam às suas posturas diante da sociedade.

Sempre envolvido em negócios escusos contradizendo sua posição social e a educação esmerada que recebera, atirando na lama, dia após dia, a sua vida e a fortuna herdada dos seus. Na sua ânsia de levar vantagens sobre aqueles que ele julgava seres inferiores e bestiais Antony Gregory não se dava conta de que sua vida caminhava para a derrocada sem precedentes.

Habitualmente, enquanto se espreguiçava, percebia o movimento da sala ao lado onde a camareira preparava sua primeira refeição matinal digna do Lorde que era. Em seguida, abria os olhos e se deparava com o teto de sua cama de dossel ricamente pintado por mãos capacitadas que retrataram anjos e querubins, em meio a nuvens suaves em um céu tão especial que poderia ficar horas admirando, tamanha beleza.

14 | *Travessias e Mágoas*

Um céu para os nobres e os das classes privilegiadas, aqueles que se encontravam em dia com os compromissos ditados pela Santa Madre Igreja. Para aqueles cujos donativos estivessem sendo quitados com regularidade, e tendo os ritos cumpridos, sua entrada aos céus estava devidamente assegurada.

Antony ria de si mesmo, teria de burlar essa entrada, pois que de sua casa há anos tinham sido banidos os profissionais da igreja. Esse assunto ele relegava aos últimos planos.

Em seguida, se levantava da imensa cama afastando as cortinas e observava o seu aconchego, um quarto amplo e decorado com esmero, um dos mais belos aposentos do castelinho dos Shanenbry.

Ao sentir o cheiro de pães recém-assados e ovos com espinafres a porta do aposento ao lado se abria e sua desagradável esposa entrava na sala onde faziam suas refeições matinais. Ela falava alto, sempre de cara amarrada e ele era obrigado a suportar as suas reclamações e os seus comentários fúteis. Seu alívio consistia no fato de ser essa a única hora em que partilhavam algo de familiar. Era tão frio o seu comportamento em relação a ela que a sua presença não o atingia, uma mulher vazia, que se ocupava dos compromissos da casa, cada um no seu canto cuidando dos seus próprios interesses. Os interesses dele se limitavam em não cair em falência absoluta, e o interesse dela consistia em manter um casamento ainda que fosse de aparência, já que o seu maior temor na juventude era morrer solteirona, sendo vítima de falatórios por parte das senhoras da corte.

Mas, naquele dia foi diferente o seu despertar. Ao rolar em seus lençóis esperando a coragem vencer a preguiça, sentiu algo molhado em sua vestimenta que gerou certo desconforto. Intrigado, se sentou a fim de verificar o que ocorria e percebeu estar manchado com um líquido escuro e pegajoso. Apavorado, lembrou-se de seu amigo o Barão de Sollyer que fora assassinado em seus próprios aposentos. Na iminência de entrar em pânico, em instantes percebeu o absurdo de suas reflexões, – se estivesse morto não estaria pensando! Riu de si mesmo com um pensamento absurdo desses... Ao tentar se levantar sentiu algo amarrando seus pulsos, foi então que percebeu não estar mais em seus aposentos e sim ao relento, sendo levado em meio à escuridão, e então o pavor tomou conta de si! O que estaria acontecendo? Como estar ao relento, estaria ou não em sua cama, teria dormido ou não?

Lembrou-se em segundos de todos os seus inimigos e ao se remexer na tentativa de se soltar, sentiu-se espremido e viu que decididamente não estava em sua cama. O grito que deveria sair de sua garganta estava sufocado pelo medo! Sua respiração entrecortada fazia seus olhos quase saltarem para fora. Que seria isso? Para onde estaria sendo levado?

O que veio a seguir fugia ao entendimento de qualquer um, pois Antony Gregory encontrava-se em uma embarcação minúscula onde mal cabia seu grande corpo. Como tinha chegado àquelas condições? Olhando para os lados percebeu as águas escuras com ondas perigosas que, às vezes, cobria a embarcação, encharcando-o.

Gregory levou as mãos amarradas aos olhos limpando-os, procurou sentir se estava machucado, porque, pelas suas roupas molhadas deveria fazer muito tempo que se encontrava preso. Inimigos não faltavam em sua vida, podia se contar em todos os dedos as pessoas que não o queriam bem, e ainda assim faltariam dedos para tanto! Mas, e aquelas águas estranhas, e que rio era esse? Um cheiro de nozes podres enchia o ar e quase o impedia de respirar; seu camisolão estava todo sujo por aquela água gosmenta, e aonde teria sido jogado? Estava confuso. O que seria tudo aquilo?

16 | *Travessias e Mágoas*

Percebeu que seus pés também estavam atados. Seus olhos aos poucos se adaptavam ao escuro, e em meio ao pavor começaram a vislumbrar sua real situação. Mesmo diante do perigo que estava vivendo sua curiosidade não teve limites, jamais vira algo assim!

Entre o medo e a expectativa de saber quem eram os seus raptores, a curiosidade ocupou a sua mente por uns segundos, estava amarrado, mas não com uma corda, mas sim com uma resina amarela transparente e flexível, que se tornava rígida ao menor movimento, causando dores. A cada descoberta que fazia sobre a situação em que se encontrava, o pavor o cobria na forma de um manto!

Ao olhar para o céu, Gregory percebeu que a chuva estava prestes a cair, e os trovões enchiam seus ouvidos. O céu estava escuro com nuvens pretas e densas; os raios ininterruptos permitiam, por meio da claridade oferecida por esses riscos apavorantes que cortavam os céus, que ele conseguisse ver a vegetação nas margens, e cada detalhe sobre a sua situação naquela minúscula embarcação. Eram árvores altas, uma mata tão fechada e sinistra que ele concluiu estar perdido. Gregory conhecia cada pedaço da região, mas aquela paisagem ele jamais havia visto! Para onde estaria sendo levado? E quem seriam os autores daquele sequestro? Poderia ser qualquer um dos seus inimigos.

Contudo, os seus pensamentos foram abruptamente interrompidos, – uma chuva de granizo começou a cair, torrencialmente, por segundos rasgando a sua pele. Na tentativa de proteger os olhos, ele levantou os braços, depois procurou se levantar, mas não conseguiu, apoiou, então, um dos cotovelos e pôde ver um homem vestindo uma capa longa. Em pé na ponta da proa, esse homem parecia flutuar sobre a embarcação; o balanço das águas não alterava sua postura, enquanto ele era jogado de um lado e de outro e sendo banhado pelas ondas cada vez mais violentas. Gregory conseguiu finalmente gritar por socorro, e nesse momento, ouviu em suas costas um gruído tão grotesco que sentiu arrepio da cabeça aos pés, e ao virar o pescoço para ver o que era sua alma quase esmoreceu com o que viu!

O dono desse som era um Ser horripilante que estava de cócoras, bem atrás dele. Em lugar de mãos, o ser possuía garras; seu corpo estava coberto por pele de leopardo; os dentes pontiagudos. O encontro dos seus olhos com os dele, avermelhados e grandes, causou-lhe dores na alma; e a cada relâmpago vislumbrava mais um detalhe. Decididamente, Gregory se sentia perdido!

Lembrou-se de Deus, de maneira falha, sentindo insegurança em seu pedido, pois não estava habituado a pedir nada a ninguém, e nunca precisara. Sempre resolvia sua vida por conta própria! E, em sua opinião, a Fé em Deus era para pessoas sem condições financeiras e de cabeças pequenas, mas no momento, por mais que não acreditasse, a sua única saída seria Deus e se sentia incapacitado para tal pedido.

Quem poderia ter contratado aquele ser tão horripilante para raptá-lo?

Esses raptores poderiam ser alguns dos membros de tribos africanas, pois sua vestimenta lembrava essas origens, mas pelo sim ou pelo não, era melhor aguardar. Gregory era um homem rico e poderia negociar a sua vida; a cautela era a sua única saída. Suando frio procurou se acalmar, mesmo porque se atropelasse, e um deles o jogasse naquele rio, certamente morreria e perderia a oportunidade de negociar. Entre o medo e a necessidade de ponderar, seu estômago revirava!

Espremido naquela embarcação minúscula pôde perceber a mudança no céu, as nuvens escuras foram dando lugar a um novo aspecto, – vermelho manchado de marrom escuro e opaco como se fosse uma pintura de um principiante, um pretenso artista. As margens do rio mudaram de aparência, uma claridade diferente de tudo que já havia visto em sua vida. Pôde perceber o rio com águas pesadas como se fosse um leito de melado de cor escura, e criaturas estranhas circulavam em volta da embarcação, peixes e répteis que jamais vira! Sentiu pânico e asco de ver aqueles répteis tão próximos de si, juntamente à pergunta que ficava: O que seria aquele lugar e aqueles seres? Que mundo seria aquele?

As árvores nas margens eram sem vida e retorcidas, serviam de apoio para aves gigantes com penas e garras grossas; o terreno era seco e rachado. Em meio a esse cenário, Antony Gregory percebeu que após a tempestade instalou-se certa calmaria que dava calafrios. A embarcação deslizava sem o auxílio de um remador, mas desde o início não havia remo, só agora percebia, era como se ela tivesse vontade própria, e deslizasse por si só. As aves empoleiradas olhavam-no de modo que soubessem do seu destino; e se ele não fosse tão covarde poderia confirmar que algumas delas pareciam ter aparências humanas, como se estivessem sorrindo de sua desgraça. Jamais imaginou que um dia presenciaria algo tão horripilante!

Sentia-se como se fosse jogado em outra realidade, não sabia se tremia de medo ou de frio. Pôde perceber que a embarcação se aproximava de um paredão de rochas, e ao longe já se avistava uma garganta na montanha onde se via outras embarcações entrando e saindo, e era para onde estava sendo levado. Nas proximidades, viu centenas de homens nus e esquálidos cavando a terra, parecia que faziam uma nova canalização. Esses seres, vez ou outra, eram chicoteados por criaturas que só mesmo a mitologia poderia explicar.

Homens atarracados, ombros largos, mãos grandes e fora do comum, seus peitos marcados de cicatrizes horripilantes, talvez de lutas ou castigos, da cintura para baixo não pareciam humanos. Os chicotes em suas mãos desciam sobre os trabalhadores, e verdadeiramente ele não encontrava palavras para descrever o que estava presenciando.

Para seu desespero, a embarcação entrou gruta adentro. Ele se sentiu sendo engolido pelas profundezas da terra, e sons estranhos se ouvia. Nas margens do canal, as criaturas que via nem mesmo o melhor dos pintores conseguiria retratar. Eram tantos que pareciam um formigueiro daqueles seres de expressões tristes e esquálidas, de vestimentas rotas e correntes nos pés, que carregavam pedras alargando aquele túnel. Poderia ser uma nova construção feita por escravos e agora tudo indicava que seria um deles! Caso fosse essa a situação sairia dali com certeza, não era um pobre diabo e bem poderia negociar a sua soltura, precisava crer nisso!

A embarcação finalmente parou em um ancoradouro. Gregory chegou a pensar que seria desamarrado, no entanto, mãos vigorosas o pinçaram colocando-o ao chão como se o seu corpo enorme não pesasse nada. Não houve tempo de perceber quem o havia tirado da embarcação, pois seu pânico se sobrepôs a tudo! Ao colocar os pés no chão, as amarras estranhas foram sugadas pela terra como em um passe de mágica. Em estado de perplexidade, fixou o olhar em suas mãos observando as amarras deslizarem como se fossem vivas, escorregarem ágeis como uma cobra, descerem ao chão e se desfazerem. Ser humano algum deveria sentir o que ele estava passando; lembrava-se dos momentos críticos de sua vida e de quantas vezes havia sentido medo, mas igual àquele momento jamais! Aquela resina era viva, mais parecia um bicho, e Gregory sentiu um misto de pânico e asco tão grande que fez o seu corpo inteiro arrepiar. Penalizado, notou, que dadas as circunstâncias, seria um susto seguido de outro!

Sua divagação pelos caminhos do medo foi brutalmente interrompida por um empurrão que levou nas costas que o obrigou a caminhar gruta adentro; ainda olhou a embarcação saindo do ancoradouro e aquele homem com capa e rosto velado que deslizava na proa, impassível, afastando-se como se ele não compusesse aquele cenário. Estava indo embora; para Gregory talvez a única chance de sair daquele lugar. Contudo, compreendeu que ele era apenas um condutor nada mais, jamais iria interferir a seu favor. E sabe-se lá Deus quantos ali não estavam como ele à contragosto sem a menor noção de onde se encontravam?

O corredor era amplo e o túnel seguia montanha adentro e com pouca iluminação, e o cheiro desagradável enchia suas narinas a ponto de quase nocauteá-lo. Um verdadeiro labirinto cheio de grades, onde seres tresloucados tentavam se soltar, outros riam com olhares dementes, eram tantos e com expressões tão amargas que dessa vez chegou à conclusão que ali só podia ser o tal inferno.

A pele de todos aqueles seres estava cheia de feridas expostas, de cor acinzentada parecendo defunto de vários dias. Era tanto pavor que suas pernas não mais o comandavam. Parou de andar sem perceber, ouviu em suas costas uma respiração tão próxima que prosseguiu reunindo as forças que lhes restavam, era melhor nem saber quem era o dono daquele respirar. À sua frente havia movimentação de seres que discutiam e gesticulavam. Ao se aproximar, um deles se destacou e disse seco:

– Acompanhe-me!

Pediu a Deus nesse momento a morte! Deveria ter aquela criatura quase três metros de altura. Sua cabeça era chata, lisa e sem cabelos nas laterais, mas nascia, acima da nuca, na mesma altura das orelhas, uma tira de cabelos tão grossos iguais à crina de equinos.

Essa tira de cabelos deveria ter aproximadamente cinco dedos de largura e descia na extensão de toda a costa até onde podia ser visto, pois abaixo do quadril havia uma espécie de calça. O peito largo, as mãos calejadas e as pernas não eram humanas. Do joelho para baixo eram pernas de cavalo com cascos avantajados, que faziam barulho nas pedras por onde passavam. Exalava um odor desagradável jamais sentido!

Como aquele quadro que se apresentava estava totalmente fora do contexto humano só havia uma explicação, era isso, agora sim, começava a entender, estava tendo o pior de todos os pesadelos, e o quanto antes acordar melhor seria para si!

Depois de vários minutos andando pelo interior da gruta, eles saíram em lugar aberto onde havia ruas e moradias, um arremedo de cidade, poucos saíram nas janelas para verem a sua chegada. Os que se atreveram, mostravam em seus olhares uma cumplicidade como se fossem iguais suas tristezas e medos. O ar não era respirável, parecia que os seus pulmões iriam explodir. Esse ser escroto parou em frente a um portão imenso, duas sentinelas iguais a ele o cumprimentaram, uma delas bateu a argola de ferro várias vezes na madeira gritando: – Pedra Gádja!

O portão abriu-se e Gregory gostaria de ter perguntado o que era aquilo que estava vendo se a situação fosse outra. Isso começava a intrigá-lo, por mais que estivesse apavorado, de perceber que se não fosse um sonho jamais sairia daquele lugar, era impossível não despertar curiosidade. Desceram por uma escada estreita, devia ter mais de vinte degraus. A terra estava cavada em forma de círculo muito largo, rebaixada chão adentro, com aberturas dos lados, que deixava transparecer que eram passagens para se chegar até o círculo.

As criaturas horripilantes desceram por uma dessas escadas. Se fosse arriscar sua opinião pensaria que se tratava de um local sagrado propício a sacrifícios. Ao centro da arena, havia uma rocha grande de topo plano. Atravessaram toda a extensão daquela arena e sua curiosidade foi ficando para trás, novamente entraram em outro corredor e, finalmente, ele fora jogado em um cômodo com grades fortes. A princípio, a escuridão era intensa tanto quanto sua agonia; levou algum tempo para começar a vislumbrar como era o seu novo aposento. As pedras das paredes eram pontiagudas de modo que não podia se encostar a elas. O chão era frio e úmido. Ele se questionava seriamente o porquê daquele sequestro, quem seria o responsável por um lugar maldito daquele. Mesmo o pior dos seres não merecia passar por isso! Como faria para acordar caso estivesse dormindo? Não sabia ao certo quanto tempo permanecia ali, parecia uma eternidade. As lembranças de sua infância e de sua família e o aconchego dos seus aposentos estavam tão distantes que quase não conseguia mais se lembrar, e também sem entender outro quadro que teimava em aparecer em suas memórias.

Que lugar era aquele em que se via em um quarto sujo em companhia de pessoas maltrapilhas em extremada pobreza? Era como se um sonho se sobrepusesse a outro! Suas memórias eram tresloucadas saindo de um quadro entrando em outro sem sentido ou razão alguma.

Já tivera a oportunidade de falar e ver pessoas loucas, eram dignas de pena, no entanto sempre vítimas de chacotas. Estaria ele louco? Ficara doente e não se dera conta? Outra curiosidade que não saia da cabeça, sentia muita fome, no entanto não emagrecia, continuava com seu corpanzil enorme. Circulava sem parar naquela cela, sem dia e sem noite, uma continuidade do nada para o nada! Os gemidos apavorantes das celas ao lado eram estarrecedores, tentava se comunicar com alguns daqueles pobres diabos na tentativa de saber onde se encontravam. Ou eles estavam loucos ou faziam de conta que não o via, era como se falasse com um bando de mortos vivos. Há quanto tempo estaria ali naquelas condições, quem iria intervir a seu favor? Em meio a essa loucura, depois de um tempo que não sabia precisar, que mais parecia a eternidade, não tinha mais noção sobre dia e noite. Contudo, sua condição ali naquele lugar se tornou pior no momento em que uma energia estranha interrompeu os seus pensamentos e a sua rotina infeliz, chegando junto a si em forma de um assovio que no início parecia uma marchinha de uma música conhecida, que tentava se lembrar de onde. Mas, esse som foi entrando em sua cabeça a ponto de deixá-lo desesperado. Ele tapou os ouvidos, fechou os olhos e começou a chorar, um pavor estranho apoderou-se de sua alma...

Em seguida, percebeu outra pessoa em sua cela. Observando-a de cima a baixo, viu os seus pés dançando freneticamente. Eram botas de bicos tão finos que alguém duvidaria que o dono daqueles pés tivesse dedos, aquelas pontas em movimentos eram quase hipnotizadoras. As calças de um tecido quadriculado de várias cores parecendo pijamas, a camisa do mesmo tecido e por sobre essa vestimenta, um fraque ridículo de cor amarela berrante. A pouca visibilidade não o permitiu ver o rosto do dançarino, apenas o reflexo da sua cabeleira vermelha.

Era fato!

Esse novo integrante em sua vida não lhe traria nada de bom, e como ele aparecera do nada dentro da sua cela? Essa criatura que ria e dançava, pegou em sua mão levantando-o a contragosto, uma força estranha o fez acompanhá-lo. Sem querer, começou a dançar também. Desgostoso percebeu que seu corpo foi se estremecendo, queria soltar as mãos das mãos do dançarino, mas não conseguia. Como se fosse um pequeno redemoinho sentiu-se sugado e, por incrível que pareça, se viu sozinho descendo as escadas da sala de sua casa. Atordoado, a primeira sensação que lhe veio foi o cheiro de pão recém-assado. A fome o dominou por completo e o levou até a cozinha, e ao entrar, começou a entender o que se passava com ele. Ele se via, naquele momento, com os seus dez anos de idade! Como explicar se há pouco ele estava preso naquela cela, e agora estava vivendo e revendo um passado tão distante? Então, era isso, acabara de descobrir que alguém lhe fizera bruxaria, não havia outra explicação!

Sempre ouviu dizer sobre as pessoas que praticavam esses cultos, mas as lembranças daquele momento e a fome o arrastaram para esse novo quadro, sem completo domínio de seus pensamentos.

Observou a enorme cozinha, as panelas de ferro penduradas nas paredes de pedra e os barris usados para guardar alimentos, e a mesa de madeira já gasta pelos anos de tanto cortar alimentos aos senhorios.

A cozinheira do castelinho acabava de retirar do forno os pães avermelhados e deliciosos. Olhou para ela, dessa vez como jamais o fizera, era uma mulher de idade, grande e forte, seus cabelos já embranquecidos formavam uma trança que dava volta em torno de sua cabeça, dado o cumprimento dos cabelos. Suas sobrancelhas pretas revelavam certo mistério naquele rosto bonito mostrando as suas origens árabes. Seu vestido marrom da cor da terra já estava descorado na altura do abdômen e percebeu também não tê-la visto com outra roupa. Seu nome era Soraia, e esta ao vê-lo em sua cozinha o interpelou. Ao ser questionado, ele entrou nesse quadro e passou a vivenciá-lo como se fossem duas individualidades – uma que praticava e repetia o passado e a outra que observava o desenrolar dos fatos.

– O que faz aqui de madrugada, Meu Lorde?

Com essa pergunta, ela despertou dentro dele a ira de uma criança mimada acostumada a ter o que queria.

– Eu quero pão!

Dizendo isso se aproximou da mesa, mas Soraia com seu corpo grande barrou sua passagem.

– Não posso Meu Lorde, por conta de meu bom coração e por sua gula já levei o que não preciso, volte aos seus aposentos, logo vai amanhecer o dia e, então, poderá comê-los quantos quiser. Ela cercava a mesa e continuou a dizer que tinha ordens expressas da governanta senhora Bress, nenhum pão deveria ser cortado sem o seu consentimento.

Gregory, avermelhado de raiva, vendo seus desejos não atendidos, ao passar perto do fogão pegou o cabo de uma frigideira que esquentava azeite, o cabo queimou a sua mão e em desespero a jogou, atingindo em cheio o rosto de Soraia. A pele empolou na hora, e o grito da cozinheira encheu o castelo, acordando a todos.

Gregory, encostado a um canto da cozinha, não sabia o que fazer depois desse ato, mas sabia, acabara de praticar uma maldade, mas com gosto de uma vingança digna de nota!

Os empregados socorreram a pobre mulher, seus olhares em direção ao menino eram de ódio expresso. Uma das empregadas lhes apontou o dedo e vaticinou claramente: – você um dia vai se queimar no fogo do inferno! Apavorado, saiu correndo em direção ao seu quarto e, à medida que subia os degraus, passou a vivenciar outro quadro: viu-se de pé atrás da cortina rendada como num passe de mágica, observando a saída da cozinheira do castelinho, ela havia sido despedida. Perdera um dos olhos e com o outro mal enxergava. Um homem velho veio buscá-la, e Soraia, com seus passos falsos e uma bengala saiu portão afora para nunca mais voltar. Seu coração de criança batia na garganta, Antony Gregory tinha sido o culpado por aquela desgraça!

Os empregados nunca mais lhe sorriram. Percebeu que depois daquele dia passou a receber olhares de ódio; ele era apenas suportado por todos os serviçais. As lembranças amargas desse episódio o fez fechar a janela com gestos rápidos se sentindo irritado ao rever esse quadro. Ao se virar se deparou com o enorme espelho do seu quarto refletindo a sua imagem, desgostoso concluiu ser um rapazinho sem grandes belezas. Enquanto se olhava, surgia à frente de sua imagem o maldito bruxo esticando um dos braços e dando gargalhadas. Essa criatura o pegou pelos cabelos e ele se sentiu arrastado para dentro do espelho, como se isso fosse possível, mas, foi o que aconteceu...

Caiu em um precipício, flutuando como se fosse uma pluma ao vento. Seu corpo caiu em uma grama verde e bem-cuidada. Sentando-se e passando a mão no rosto, ele percebeu pelo tato que suas barbas já estavam nascendo; olhou dos lados avistando sua mãe servindo chá para algumas amigas no jardim do castelinho. A saudade bateu em seu peito e levantando-se saiu correndo em sua direção, mas quanto mais corria mais longe ela ficava. Cansado e triste voltou e começou a subir as escadas de mármore que levava à porta do castelo, e novamente estava em sua casa vivendo outros momentos, a contragosto.

– Pesadelo! Era isso mesmo! Como alguém poderia rever momentos da vida com tanta intensidade, ou então estaria ele em poder de um poderoso bruxo maligno?

Eram dez degraus para alcançar o pátio arredondado, cercado por uma mureta de ferro bem-trabalhada, onde em dias quentes sua família tomava chá admirando o pôr do sol. De outras, sua mãe usava esse recanto para as suas leituras. Essas lembranças eram tão vivas e reais que Gregory não se conteve, e começou a dar voltas passando as mãos na grade, do jeito que fazia quando criança, para depois subir mais três degraus e chegar até a porta de madeira feita para resistir ao tempo.

Ao tocar a porta, ela se abriu sozinha e com sentimento apreensivo entrou cauteloso. O que veria dessa vez? Não conseguia dominar essas recordações, sua mente estava em desalinho! A sala estava repleta de pessoas conhecidas, as mulheres estavam todas enlutadas e cochichando, os homens sisudos pelos cantos e olhando para as próprias vestes, que também eram sóbrias.

Avistou um ataúde ricamente exposto diante de um crucifixo e um altar montado onde era a sala da família. As velas acesas, o cheiro de flores do campo permeava o ambiente. Aproximou-se do caixão e avistou o seu pai com as faces maquiadas e sua peruca branca cacheada, em seu dedo o anel dos Lordes Shanenbry, que logo estaria em seu dedo por direito, sendo ele o único varão.

Com deferência, todos passaram a cumprimentá-lo, sua mãe veio abraçá-lo, suportou esse abraço com falsidade. Já de tempos se irritava com ela, não gostava de sua interferência em suas atitudes, achava-a maçante e defensora da moral. Os conselhos de sua mãe não lhe serviam de nada; sua irmã era uma estúpida, a perfeitinha da casa. Sua mãe queria que ele fosse um modelo de virtude para mostrar ao mundo que ela sabia educar os filhos. Há tempos não lhe dava mais ouvidos, e sua presença o desgastava.

Ao final do dia, o Barão Antony Gregory Shanenbry III foi sepultado no cemitério da família. Nos dias seguintes, as obrigações da família e toda a fortuna lhe foram repassadas, ficando à sua total responsabilidade, pois a tradição facultava a Gregory esses direitos. A partir desse dia, a vida dos integrantes da família Shanenbry seguiria novas regras.

Ele, o novo senhor, se encarregaria disso muito bem e os incomodados que se mudassem!

CAPÍTULO 2

Os episódios que se sucederam após o velório do Senhorio deixaram os moradores do pequeno e majestoso castelo completamente apavorados, espantados com as novas atitudes do seu novo senhor. As mudanças propostas pelo novo dono cortaram os corações dos mais endurecidos. Antony Gregory IV, naquele momento, na função de herdeiro, passou dias e noites estudando o seu patrimônio, e a primeira atitude tomada foi a dispensa de Aquin de Gorjet, o contador já velho e fiel que havia servido a família durante toda a sua vida. Gregory não precisava mais de seus conselhos, pois já sabia de tudo, o velho contador não iria lhe criar problemas em sua nova gestão. Foi despedido com seus poucos pertences, e com a sua família foram jogados ao relento.

A senhora sua mãe e irmã foram gentilmente expulsas de sua morada, foram fazer residência em uma das propriedades distante, levando consigo alguns criados e todos os objetos que quisessem ou precisassem. Seria disponibilizada a elas uma quantia generosa em moedas, uma vez ao ano, promessa essa que ao longo dos anos foi caída no esquecimento.

Os lamentos da senhora sua mãe em vez de sensibilizá-lo, o deixava irritado; foi irredutível em suas decisões, precisava ficar só, deveria ele ser senhor absoluto, não estava disposto a dividir as suas ordens nem mesmo com a sua progenitora. Ela que fosse viver com suas rezas e seus livros cheios de lições moralistas em outra propriedade.

Desgostoso Gregory sentou-se no baldrame da porta, a fim de rever os seus atos, mesmo contra vontade, por culpa desse bruxo desgraçado! Sentiu seu peito trasbordar de mágoas causadas para ele e por ele mesmo.

Todos os criados foram trocados, não queria nenhum deles por perto com seus olhares reprovadores.

Os dois padres amigos de sua mãe, que ao longo dos anos buscavam quantias generosas para sua igreja, foram também rechaçados, não precisava de ninguém lhe ameaçando todo dia com a presença do demônio. Há tempos havia percebido que o dinheiro comprava o homem, e os representantes da igreja, mesquinhos e usurários, que viviam por ali, e que habilmente usavam seus conhecimentos para amealhar patrimônio em cima das ameaças dos demônios. Foi ameaçado de excomunhão pelos religiosos, sem, no entanto, se incomodar com isso! Padre Pivo era respeitado não somente pelo conhecimento, mas também pela idade avançada. Entretanto, desde que se lembrava por gente, esse homem gosmento se esgueirava pelos corredores de sua casa. Por tudo e por nada havia sempre um prato a mais na mesa para sua santidade.

Por muitas vezes, ele presenciou seu pai tomando outras atitudes devido aos conselhos do Padre Pivo, e isso o irritava. Ele não fazia parte da família, mas sua carroça vivia abarrotada de coisas levadas de sua casa para a sua paróquia. Com inferno ou sem, o seu ajudante padre Nielson já estava bem sevado por ali, um moço novo e no seu entender um grande salafrário, pois que vivia bolinando as serviçais do castelo. Seus pais que eram religiosos não percebiam essas malandragens, mas ele, um moleque arteiro, sabia de coisas demais.

Sondava os padres todas as vezes que eles por ali chegavam, e, na condição de Senhorio, eles que fossem fazer sua vida em outras paragens. As senhoras beatas, e pessoas amedrontadas que os sustentassem!

Em poucos dias, Gregory varreu de sua vida todo um passado. Aos quase dezessete anos considerava-se o ser mais livre do mundo. Sabia que com o tempo os olhares de censura por parte da sociedade cairiam no esquecimento. Afinal, o herdeiro era ele!

No dia da partida de sua mãe, da janela da biblioteca viu as três carroças e o coche saírem da propriedade. As rodas das carroças com alguns dos seus eixos sem graxa assoviavam, e os criados, alguns nas carroças outros a pé seguiam viagem; e o Senhorio sentiu naquele dia um frio no estômago, mas sua decisão era irrevogável. No momento, remorso repentino bateu em sua consciência, mas se chamasse a mãe de volta perderia a credibilidade! E agora, nesse instante, revivendo esses momentos de maneira inexplicável, por conta do bruxo dançarino, se viu dentro do coche, à contragosto, presenciando o que se passara com sua progenitora.

Era fim do dia, e as nuvens espessas prestes a cair contribuíam para a melancólica situação. Os olhos de sua mãe estavam secos e a amargura estampava em seu belo rosto. Ser expulsa do que também era seu por direito, afinal parte daquela fortuna era também de sua família; seu ingrato filho jamais teria o seu perdão!

A baronesa fez calar sua filha chorosa, não permitindo que ela ao menos olhasse para trás. Essa era uma vergonha que a baronesa Leyla Guilane Shanenbry jamais imaginou passar, pelo contrário, esperava seu amado filho adquirir maturidade. Gostaria que ele tivesse ido à Viena onde poderia estudar com preceptores competentes, seu filho era motivo de orgulho, tocava violino razoavelmente, poderia vir a ser um grande músico! Suas amigas invejavam essa qualidade nata dele, enquanto os delas eram filhos quase bestiais. Seu irmão Robert era um homem honesto, estava disposto a ajudá-la a tocar os negócios até Gregory estar pronto para assumir as suas responsabilidades como mandava a tradição, no entanto ele fora também renegado; conduzia um dos coches daquele cortejo macabro.

No futuro, talvez tivesse um bom casamento, ou seja, seu amado filho seguiria os costumes tradicionais da família. O que Antony Gregory não sabia e veio a presenciar agora naquele pesadelo do qual não conseguia fugir, era que apesar de sua mãe ser uma senhora de postura distante e formal, assim também todas as senhoras de sua geração, vivia bem com seu esposo, o barão seu pai. O matrimônio dela fora arranjado seguindo acordos e tradições, mas com paciência e dedicação ela respeitava as futilidades e as criancices do barão seu marido e senhor, e com o tempo nasceu entre eles uma cumplicidade que quase chegava ao amor verdadeiro.

Gregory via sua mãe passar as mãos nos cabelos de Lauricia, sua irmã – uma mocinha de cabelos escuros como os de seu pai. Os olhos da menina estavam vermelhos de chorar, parecia que ela chorava pelas duas. Gregory sentiu vergonha de suas atitudes, percebeu a humilhação que causara em sua pobre mãe, por egoísmo. Parecia ser outra a pessoa a tomar aquelas posturas no passado; se ele pudesse voltar e consertar o que fizera, sua vida teria sido melhor.

Antony Gregory chorou de remorso, falou com sua mãe desesperado, pediu perdão, e ela não virou se quer a cabeça em sua direção; olhando pela janela ela estava e assim continuou... A dor que sentiu ao ver a tragédia causada por sua irresponsabilidade foi como uma explosão sentindo-se expelido para fora do coche. Caiu sentindo o chão duro e as pedras pontiagudas em suas costas. Amargurado, percebeu estar novamente em sua cela.

Por que meu Deus? Quando teriam fim essas viagens ao passado que estavam lhe causando tamanhos tormentos? Tapou os ouvidos em vão, o assovio do bruxo encheu a gruta, e os gritos e murmúrios dos outros presos em suas celas eram estarrecedores. Tentou argumentar com o bruxo para deixá-lo em paz, ele ria e o segurava como se ele fosse um boneco de trapo, e em velocidade inexplicável foi sendo arrastado. Era como se eles entrassem nas rochas e elas se abrissem dando passagem.

Após essa experiência terrível de medo sem precedente, Gregory saiu do outro lado da masmorra, era isso que parecia. Levando um tranco no corpo caiu em um campo aberto, onde via o céu azul com nuvens brancas passando no céu tão rápido quanto ele estava sendo arrastado. O bruxo parecia um furacão, e nada o impedia, ele estava completamente à sua mercê, não conseguia se levantar, pois a velocidade dele ao arrastá-lo não permitia essa manobra.

– Meu Deus! Para onde iria dessa vez? Ver o que, que parte de sua vida? Quem poderia ter contratado um bruxo tão poderoso? Com uma parada brusca, seu estômago revirou sentindo vertigem.

Quando se recuperou desse desconforto se viu confortavelmente sentado em um coche ricamente decorado, atônito observou onde estava! Olhando suas roupas, eram de um cuidado esmerado. As poltronas do coche eram em veludo azul-marinho, as cortinas de rendas amarelas, e pela janela decorada com rendas podia se ver as pernas do cocheiro e suas mãos hábeis tocando os animais, e estes com penachos coloridos sobre as suas cabeças. Arredando a cortina com a ponta da bengala de cabo de marfim e prata, percebeu que se encontrava em Pamplona, uma parte do mundo que esperava visitar há tempos. Gregory contava nessa época trinta anos.

Era tão real essa visão que apagou de sua mente a presença do bruxo e a lembrança da masmorra chamada Pedra Gádja.

O burburinho da cidade o encantou completamente, envolvido entrou nessa visão sem questionar, avistando os casarões coloridos, a praça calçada de pedras. Maravilhado ficou também com a paisagem que se descortinou à sua frente ao deixar a cidade e aproximar-se das terras de seu amigo. Há cinco anos fizera amizade com um viajante, um rico comerciante que levava a vida entre os negócios e o prazer, conhecia boa parte do mundo, era um homem inteligente e bom para se negociar. No bordel de Madame Celeste, havia perdido para ele no jogo de cartas, mas ganhado um amigo, e por oito meses se tornou seu hóspede no castelinho dos Shanenbry. Ambos entrelaçaram seus interesses comerciais e marcaram esse encontro que naquele momento se realizava.

Wladimir Bollangê era um homem magro de trinta e cinco anos com gestos afeminados ao extremo, andava ricamente vestido, no entanto, um mulherengo inveterado. Poderia passar facilmente por um irresponsável e era em verdade um grande comerciante. Portava-se com elegância e andava maquiado em exagero, era uma figura estranha de ver, entretanto, apesar de seu humor quase macabro, era um homem temido e perigoso.

Ao se aproximar da propriedade de Bollangê, Gregory percebia agora que sua residência era mais simples que a sua, sem, no entanto, deixar de revelar riquezas. Foi recebido com honra e acomodado da forma que ele merecia. Os dois amigos passaram a tarde falando de negócios; descansariam e à noite jantariam na cidade, e isso significava mulheres, jogo e farra. Os dias de viagem trouxeram cansaço a Gregory, sendo necessário um banho de salmoura e ervas, que o seu criado particular providenciou, proporcionado seu bem-estar. À noite estaria novo outra vez.

À tardinha, quando os dois amigos desceram do coche na praça da cidade, Gregory ficou maravilhado – as ruas iluminadas por lampiões nas paredes dos casarões; a praça central era uma mistura encantadora, e havia de tudo: ferreiros, moleiros, briga de galos e apostadores exaltados, bancas de alimentos, ervas e especiarias, sedas, tecidos, tapetes da Pérsia, frascos de elixires, perfumes, encantadores de serpentes, vendas de escravos e serviçais...

Em uma arena, dois lutadores lutavam entre gritos e vaias!

Eles entraram em uma das barracas de um turco agradável, esse senhor também fazia parte dos seus futuros negócios; comeram carneiro assado regado a um bom vinho. Gregory percebeu que ao passar com o seu amigo por entre as pessoas elas se abriam dando passagens. Ele era respeitado ou temido? Esse fato o enchia de orgulho! Após o jantar e os assuntos em dia, Gregory, de onde estava sentado, avistou algo que lhe chamou a atenção, pediu licença e retirou-se um pouco melhorando seu campo de visão. Quanto mais se aproximava, mais a sua expectativa aumentava. Em um tablado mal feito, estava uma moça, a mais bela que já vira em sua vida!

Seus cabelos pretos cacheados despontados até a altura dos quadris, cachos que emolduravam um rosto ligeiramente quadrado e sobrancelhas escuras enalteciam os olhos vivos e instigantes. Sua pele era alva, e mesmo com pouca iluminação percebia-se que os pelos dos braços eram claros, destoados de sua cabeleira escura; vestia um vestido tosco, de longe parecia sujo e o tecido feio era da cor da terra, sem bainha terminando em uma franja descuidada. Ela estava descalça deixando parte de suas pernas bem feitas à mostra. Uma corda de cipó amarrada na cintura, e em sua cabeça uma guirlanda de flores naturais completando um quadro de rara beleza.

Gregory observava a moça que cantava uma música de maneira rápida, mas ele não entendia a letra; ela dançava de maneira graciosa ao som das palmas das pessoas em volta dela. Repentinamente, ela pausava a música e as pessoas em coro a acompanhavam entre sorrisos e gritos e todos se divertiam.

Antony Gregory pôde, então, entender a letra que falava de amores não correspondidos, de forma jocosa. Gregory apaixonou-se perdidamente naquele momento e em sua mente transportou a moça para sua vida! Ele a colocou em seu castelo, vestida tal qual uma princesa, passeou com ela pelos salões da corte, vendo a admiração dos homens e a inveja das senhoras diante de tanta formosura. Tão envolvido estava em seu sonho que se viu arrastado pelo seu amigo sem ouvir o que ele dizia.

Os dois amigos dirigiram-se ao cabaré de Madame Davyna a "cuidadosa", esse era seu apelido. Mal percebendo o luxo da casa e o tratamento recebido com deferência, Gregory ainda mantinha os seus pensamentos na praça, completamente apaixonado pela moça desconhecida. Recusou as moças oferecidas alegando cansaço da viagem e virou chacota do amigo! Bollangê subiu aos aposentos superiores com uma das meninas entre risadas o chamando de velho caquético. Mais tarde, Madame Davyna veio ter uma prosa com Gregory. Algumas moedas de ouro foram suficientes para cair em sua graça; falaram da cidade, dos impostos, do costume de vida e da origem da proprietária do cabaré. O assunto foi sendo conduzido por Gregory com prudência até chegar ao ponto que queria. Ou seja, a moça da praça!

Madame Davyna soltou uma gargalhada divertida, dizendo ser ela uma moça perigosa; ninguém sabia ao certo de onde ela viera. Já estava por ali perto há cerca de cinco anos aproximadamente. Para uns ela era filha de ciganos, para outros uma destruidora de corações e para muitos uma bruxa maligna. Vários homens já tinham se apaixonado por ela, no entanto ela não pertencia a ninguém. Jamais alguém a viu com homem algum para se dizer que ela pertencesse a esse ou àquele senhor, parecia o vento – não se sabe de onde vem e nem para onde vai!

Os comentários da dona da casa de jogos o deixaram maravilhado, era tudo que ele esperava ouvir; desconversou para que ela não percebesse o seu interesse na moça, ficou sabendo que sua amada se chamava Zimbilar. Iria traçar seus planos, pois era um homem de posses e mulher nenhuma era imune a uma boa vida e conforto, além do que ela seria amada. Sempre conseguiu o que queria e não seria dessa vez que se daria por vencido. Com certeza, todos os homens que a quiseram não foram competentes o suficiente em suas ofertas. Além de posses havia o bom gosto, afinal ele era um lorde e isso deveria bastar para uma beleza daquela!

Após a conversa com Madame Davyna, Gregory tomou novas atitudes, mandou um dos seus criados de volta ao castelinho avisando que demoraria mais do que o esperado em sua viagem, e para desgosto do amigo pediu uma de suas propriedades emprestada onde instalou residência alegando suas privacidades. Wladimir acabou cedendo, afinal seria mais um local de boas farras, negócios e jogatinas.

Dias depois, ao relatar ao amigo sobre o seu interesse em Zimbilar, seu amigo que era sempre divertido ficou sério de repente advertindo-o. Não via com bons olhos essa sua vontade, essa moça era estranha, causava arruaças, uma rebelde sem responsabilidades, uma louca com lapso de sanidade vez ou outra. Se ela era bela? Sim, belíssima! No entanto, quem se envolvia com ela de um jeito ou de outro acabava amargurado, além do que farra por farra por ali belas mulheres era o que não faltava. Antony Gregory acatou os conselhos e se calou deixando seu amigo pensar que o havia convencido.

Nos dias seguintes, passou a rondar a vida de Zimbilar. Vivia ela com um casal de tios já velhos e pobres em barracos ao norte da cidade, seu tio era um beberrão e mau elemento, sua tia, uma mulher mesquinha e interesseira.

Antony Gregory, então, contratou o tio dela para pequenos serviços na propriedade e remunerava de maneira exagerada os seus trabalhos malfeitos, dessa forma foi ganhando sua confiança. Assim, quando chegasse a hora de agir já não seria mais um desconhecido, mas sim um homem generoso. Perseguia os passos de sua amada na cidade, e nos dias em que não a via entrava em agonia. Por inúmeras vezes em sua vida quase contraiu matrimônio, quando pensou estar apaixonado por Celina Franclek, uma moça recatada e educada. Essa moça realmente poderia ter valido a pena, desagradável foi que, com um pouco mais de conhecimento de sua pessoa, percebeu nela o mesmo zelo com as questões morais das quais primavam a sua mãe, e nesse caso teria então a extensão de tudo o que ele abominava. Abandonou-a sem ao menos dar satisfação. Dois anos após, ela se casou com um moço de suas origens, se tornou mãe e vez ou outra a via pelas ruas e nem tomava conhecimento. Mas, ficou uma pontada de derrota, como se ela na verdade merecesse coisa melhor!

E, passados alguns anos, a bem da verdade, ela era uma moça dócil e respeitada, as pessoas a admiravam por suas qualidades, e a maternidade a deixou mais bela. A verdade nua e crua é que Antony Gregory sempre tomou o que quis sem se importar em respeitar os sentimentos dos outros, e Zimbilar foi o seu novo capricho!

Quando se sentiu seguro quanto ao tio dela, quando teve a certeza de que esse homem não tinha sentimentos nobres em relação a tal sobrinha, Gregory arriou o seu cavalo e foi procurá-la.

Era perto das dezesseis horas, quando Gregory adentrou aquele lugar pobre onde cachorros doentes e esquálidos formavam uma parceria com crianças mal nutridas, senhoras velhas e barracos aos pedaços, e perguntou pelo tio de Zimbilar, sendo informado de que bem mais adiante encontraria sua moradia. Entrando mata adentro, chegou a um lugar magnífico, escutava mais abaixo o som de uma cachoeira, o rio corria límpido e a vegetação de um verde espetacular. Em um arremedo de moradia de madeira e pedaços de couros estava uma mulher velha e maltrapilha limpando uma caça, deveria ser a tal tia que criara a sua amada e a quem ele perguntou pela moça. Essa senhora não lhe respondeu, mas apontou o dedo em direção à frente. Tocou o cavalo também sem agradecer, sentia já o ar úmido vindo da cachoeira. Apreciando o cheiro da mata regada avistou Zimbilar de cócoras lavando provavelmente as suas roupas. Ao vê-lo ela ficou de pé enquanto ele apeava.

– Preciso falar com você, senhorita!

Os olhos dela não eram, naquele momento, os mesmos do dia em que a conheceu cantando na praça, estavam fixos em sua face olhando-o com firmeza.

– Da parte de quem e por quê? – disse ela de braços cruzados já de pé, com uma das pernas posicionada em atitude de defesa, com a cabeça inclinada esperando a resposta.

– Sou o barão Antony Gregory Shanenbry, venho de terras distantes e precisava falar com você. Estou a lhe propor que seja minha esposa, apaixonei-me por ti, quero dar-te o mundo, e fazer-te feliz!

40 | *Travessias e Mágoas*

Sentia o suor escorrer em suas faces ao dizer essas palavras, jamais imaginou que um dia elas seriam ditas para uma mulher; seu coração batia na garganta esperando ansiosamente a resposta da moça.

Sabia que estava correndo risco pela sua audácia, mas se essas palavras não fossem ditas poderia não dizê-las jamais. Há tempos havia decidido a não se casar, uma vez que seus amigos em seus matrimônios se tornaram homens diferentes, além do que ele achava que casamento não combinava com os seus planos. As responsabilidades de um casamento mudavam os rumos da vida de um ser, mas por Zimbilar correria esse risco!

A gargalhada sonora e alegre dela espantou os pássaros das árvores mais próximas, e os seus olhos voltaram a ser matreiros. Muito rápida, ela subiu em uma pedra, ficando em posição mais alta do que ele, e com as mãos para trás e um dos pés, ela passava pela pedra balançando o corpo.

– Como alguém pode amar um desconhecido? – perguntou ela.

Essa pergunta associada ao som da voz dela, uma voz rouca, misto de zombarias, o desmontou, mas Antony Gregory se manteve firme, sentindo as suas mãos molhadas.

– Não, não... Você não me é desconhecida, minha cara, eu a conheço da cidade, sei quem você é.

Fitando-o dessa vez bem séria com suas belas sobrancelhas juntas, olhou-o no fundo dos olhos a ponto de intimidá-lo, por pouco ele não abaixou a cabeça.

Ela, lhe mostrando três dedos, lhe disse:

– Senhor, primeiro, eu não me conheço... Como queres tu conhecer-me?

– Segundo, o mundo não te pertence, és apenas um passageiro, assim como todos.

– Terceiro, a felicidade é como as borboletas, lindas... Mas de vidas curtas, portanto nada tens de ti a dar-me senhor...

E sem esperar respostas virou e atirou-se na água nadando até a outra margem do rio. Gregory, ainda assim se deu por satisfeito. Apesar de sentir um misto de humilhação, ele conseguiu ser ouvido; seria apenas questão de tempo.

Depois desse dia, Gregory intensificou suas rondas com o tio de Zimbilar e ficou sabendo que a moça havia sido criada pelos tios desde menina, pois seus pais haviam falecido novos ainda sem deixar outros filhos, ficando claro o desgosto que sentia. Ela já havia recusado bons partidos.

Gregory começou a lhe enviar presentes. No início, Zimbilar os recusava, depois passou a aceitá-los. Não foi fácil concluir o trabalho dos tios a seu favor. Quando decidiu buscá-la para sua casa ela veio sem oferecer resistência.

O amigo Wladimir não concordou com as suas decisões, mas ele contornou a situação e não deixou sua vida particular acabar com a amizade, o fazendo perceber ser um caso fortuito, apenas diversão!

A casa foi arrumada para recebê-la, moraria com ele em caráter experimental, depois casariam em seu país. Faltavam aproximadamente três meses para o seu retorno, e a neve derreteria oferecendo passagem. Gregory cobriu Zimbilar de trajes e joias dignos de sua beleza e a tirou da rua; seus tios foram recompensados e também afastados de suas vidas, esse fora o acordo. Esses parentes foram generosamente remunerados de forma que partiram prontamente sem deixar vestígios.

Antony Gregory esperava pacientemente que Zimbilar percebesse os benefícios de ser uma baronesa, analisava as dificuldades dela em se adaptar aos moldes que ele fora educado. Porém, nada era difícil, o tempo e o conforto a trariam para o seu mundo. Logo, ela perceberia os benefícios do conforto. Ela não o recusava e também não o procurava para nada, não pedia coisa alguma, não demonstrava a menor curiosidade por sua pessoa ou sua vida!

O seu comportamento despertava em Gregory curiosidade diferente, pois as mulheres que passaram por sua vida eram alegres ou sisudas, no entanto todas gostavam de adereços e objetos de qualidades. Zimbilar, pelo contrário, passava horas e horas ricamente vestida sentada no meio do tapete da sala, com uma faca e um formão, fazendo escultura em madeiras. Já havia feito três delas e magníficas! Não despertara nela saber datas específicas das partidas do marido, e mais o cuidado com a casa e suas vestimentas eram escolhidas por Gregory. As costureiras e as bordadeiras não saíam de sua sala, nessas horas ele agradecia as noitadas nos bordéis e saraus da vida, pois sabia o que era classe e vulgaridade.

Inicialmente, Gregory entendia esse comportamento de não participar de nada relacionado à vida a dois. Talvez, Zimbilar tivesse usado dessa mesma atitude em relação aos outros que já tentaram viver com ela. Ele mesmo estava espantado com suas próprias atitudes, em outros tempos isso não estaria acontecendo! Dessa vez era mesmo o tão falado amor que instalara sem seu peito. Às vezes, ela perambulava pela casa, o olhava, dava um pequeno sorriso e voltava a talhar. Ela parecia uma esfinge ou uma caixa de segredo e ele não sabia de que modo abri-la ou interpretá-la. Em certa manhã, para o seu desgosto, Zimbilar sumiu sem deixar rastro. Não comentou com ninguém acerca de seu desaparecimento. Isso aconteceu quinze dias antes da viagem de volta para as suas terras.

Antony Gregory jamais se permitiria cair em ridículo diante dos amigos, não iria ver em seus rostos aquele sorriso amarelo dizendo: – Eu avisei! Calado e completamente louco em ver seus esforços em vão, no sentido de encontrar Zimbilar, contratou um batedor e o colocou em seu encalço. Foram cinco dias que na verdade representaram uma eternidade, mas em certo final de tarde chegou uma notícia, ela não estava longe, apenas bem escondida.

Estava nos rochedos, um lugar de difícil acesso, e a praia era um lugar deserto e estreito, cheio de gaivotas, um local de reprodução dessas aves e outros animais marinhos. Na hora de pagar o rastreador uma intuição repentina o acometeu. Convidou-o para jantar, o que deixou o homem orgulhoso, e fez questão de dizer durante o jantar que havia se arrependido de tê-lo contratado, mas que iria pagá-lo muito bem pelos préstimos, salientando que aquela moça representava um grande problema, e não valeria a pena. O melhor mesmo seria voltar para sua terra sem grandes transtornos, pois um homem na sua posição não poderia esposar-se de uma doidivana. Usou nesse diálogo uma face enfadonha, gestos calculados que ele sabia interpretar muito bem, como se estivesse em uma mesa de jogo.

O rastreador saiu contente pelo pagamento exagerado e ainda com palavras de honra no sentido de guardar esse segredo; ninguém saberia que Gregory o havia procurado e ainda concordado com ele. Aquela mulher era bela, mas louca!

Gregory passou a pior noite de sua vida, se pudesse sairia naquela hora mesmo, mas a prudência era boa companhia, seu amigo e todos à sua volta o haviam advertido, e além do mais não estava em suas terras, por ali não passava de um estranho. Precisava também acalmar-se, sua ira não seria parceira nessa atitude, amava Zimbilar, deveria mostrar-se amigo, entrar no jogo dela e ganhar a sua confiança. Quem sabe ela tivesse agido assim a fim de testá-lo?

44 | Travessias e Mágoas

No dia seguinte, mal raiava o sol quando Gregory pediu um cavalo a seu criado, que o seguia parecendo uma sombra, dispensando-o, alegando um passeio matinal. Recomendou que não o esperasse tão cedo e que faria suas refeições na cidade.

Gregory saiu cheio de angústias à procura de sua amada. No final da tarde, ele já estava muito cansado. O acesso a esse local pelo rochedo era perto da cidade, mas a cavalo pela praia era bem longe, e ele não tinha disposição para escalar montanha alguma, pois o seu corpo não facilitava. Ele precisou parar a fim de descansar várias vezes, pois não estava acostumado a cavalgar. Ele sempre teve quem fizesse os trabalhos pesados para ele, e isso para ele estava fora de cogitação. Finalmente, encontrou Zimbilar sentada em uma das centenas de pedras, com as suas velhas roupas maltrapilhas colocando iscas em um anzol.

A maresia fresca, o cheiro do mar encheu as suas narinas. Se fosse em outra circunstância, ele teria se encantado com a beleza da natureza, mas não estava ali para isso, sua amada estava a poucos passos e lhe devia explicações! Ao vê-lo chegar, Zimbilar sem mostrar a menor surpresa recebeu-o com um sorriso!

Esse comportamento dela o magoou profundamente, ela poderia assumir qualquer atitude, correr, esbravejar, tocá-lo, menos se mostrar impassível. Mastigando as palavras Antony Gregory conseguiu balbuciar, apeando do animal com dificuldade...

– Como pôde Zimbilar fazer isso comigo, desaparecer sem deixar vestígio? És assim tão ingrata, não represento nada para ti? Estás com outro homem?

Zimbilar, calmamente, como se estivesse em todo o seu direito e estava, se voltou para ele e seu olhar era de pureza.

– Que queres de mim My Lorde, achou por acaso que eu iria seguir-te, que seria a sua parceira na vida? Acenou ela com a mão traçando um caminho imaginário.

– Você é um bom homem, não lhe faltará quem queira ser a sua esposa, uma moça que faz parte do seu meio de vida.

O que mais você precisa saber para ver que eu não faço parte do seu mundo?

– Mas... Zimbilar, escute! O meu amor é por ti e por você viverei.

– Não! Entenda. Não te gosto e nem desgosto, não partilharei a minha vida com homem algum nesse mundo, nasci e morrerei só, acredite-me, tentei. Você deve deixar a vida seguir o seu curso e cada um com seu destino, meu caro!

As palavras de Zimbilar eram decisivas. Gregory conhecia muito bem uma postura dessa natureza, ele já a tomara várias vezes em sua vida. Sentiu como se o mundo se apagasse, derramou em seu interior uma dor estranha, em segundos o seu grande amor transformou-se em ódio tão intenso que suas vistas embaralharam.

A voz que saiu de sua garganta não parecia a sua, se viu dizendo:

– Você está certa, vou voltar para casa e levar apenas lembranças suas, mas antes me dê um abraço de despedida. Sorrindo inocentemente ela caminhou até ele ainda dizendo:

– Que bom que você entendeu, seremos eternos amigos! E ao passar as mãos em seu pescoço dizendo adeus, Zimbilar sentiu o punhal frio entrar em suas entranhas. Surpresa, ela deu um passo para trás segurando o cabo e vendo o seu sangue manchar as suas vestes, seus olhos tornaram-se mansos, e ela ainda conseguiu dizer.

– Que pena, não me enganei contigo!

Completamente aturdido com o que acabara de fazer e vendo o seu amor cair, e seus belos olhos fixar o infinito, Gregory acordou de sua loucura momentânea. Caiu de joelhos à procura de ar, pois a dor que sentia era tão grande que não conseguia respirar! Abraçou-a como se fosse uma criança e a embalava; colocou as mãos dela em seu pescoço pedindo perdão. Nessa hora, sentiu-se um verme, jamais em sua vida teria paz, selara para sempre a sua prisão íntima, definira a si próprio o pior dos covardes, e ela nunca lhe pedira nada!

Andou pela praia aos gritos como um louco pelo ato praticado, olhava para ela e para as suas mãos, sentia-se indigno, mas não se podia fazer mais nada, restava agora entrar em cena sua velha companheira.

A covardia!

Levou o corpo dela para dentro de uma gruta, depois de mil perdões pedidos, o cobriu com algumas pedras e voltou para a cidade, como um maldito que sempre foi.

Os dias que se seguiram até a sua partida foram de inferno, tivera que fingir para todos calma, que o arrebentou por dentro. Ouvia as troças de seus amigos acerca do sumiço da moça, era bem de seu feitio, diziam eles, aguentar as risadas das mulheres da jogatina, e ele concordando e ainda dando trelas, afinal a farsa agora era necessária, e foi assim que ao partir fez a viagem mais infeliz de sua vida, seu corpo doía por inteiro. Uma moça alegre e cheia de vida tinha encontrado a morte pelas suas mãos, maldito seja o resto de seus dias!

Pela primeira vez em anos lembrou-se dos seus, o que diriam eles, de um dos descendentes dos Shanenbry, se tornar um assassino frio e covarde?

Quando criança, em suas traquinagens de menino sua mãe o advertia. Seu pai não somente aplaudia como ainda acrescentava que o futuro dono daquele patrimônio deveria ser um cavalheiro, mas também deveria ser acrescida em suas ações a malícia do mundo, essa era uma arma poderosa e necessária, o que seu pai não percebeu era o quanto era duro o coração de seu filho!

Antony Gregory partiu deixando também o seu amigo tranquilo, uma vez que ficara claro que Zimbilar não passara de um capricho. Seu álibi era o fato de Zimbilar não ter paradeiro, ninguém sabia ao certo de sua vida, seu desaparecimento da cidade era fato normal.

Em calmaria, Gregory saiu da cidade e da vida do amigo como um lorde honrado em direção ao seu país. Quando Zimbilar fosse encontrada não teriam por que acusá-lo. Durante toda a viagem, em seus olhos as lágrimas não paravam de rolar, e suas mãos apertavam uma das esculturas feitas pela amada. Zimbilar foi a responsável pelo único sentimento de amor em seu coração endurecido e também de uma dor que o atravessava sem tréguas. O coche sacudia seu corpo de um lado ao outro; o cocheiro assoviava uma marchinha!

A mágoa contida explodiu em choro, o remorso provocou avalanche em seu interior e foi tão intenso que percebeu estar novamente na cela fétida e úmida da masmorra chamada Pedra Gádja. O maldito bruxo o trouxera de volta dessa aventura insana, dessa viagem ao passado que ele não entendia, mas da dor sim!

E Antony Gregory ainda assoviava a mesma música e agora ele finalmente se lembrava de onde a ouvira – era a cantiga de sua amada na Praça no dia em que a conhecera! Pedia a Deus misericórdia, queria dormir, esquecer esse passado perdido. Encostou a cabeça nos joelhos, lamentou não saber fazer ao menos uma prece. Suas dores eram interrompidas, vez ou outra por alguém que passava batendo um ferro nas grades e gritando:

– Pedra Gádja!

CAPÍTULO 3

– Ora... Ora... Ora... Então, desejas descanso? Não teve tempo de responder, era o bruxo!

– Por favor, deixe-me em paz, já se sentindo arrastado. A risada dele enchia os seus ouvidos, e mais outra corrida no tempo, e desenfreado. Desta vez fora jogado em uma floresta fechada, a luz mal entrava em meio à vegetação, seus pés afundavam nas folhas apodrecidas, vagou a esmo sem saber que rumo tomaria. O maldito bruxo sumira do mesmo jeito que aparecera. O pavor de estar só era tão grande quanto a presença daquele louco!

Gregory encontrou uma trilha e a seguiu com sofreguidão, a vegetação foi se modificando até se tornar uma região belíssima, com pastos verdes que cobriam os morros e declínios de forma harmoniosa. Aliviado percebeu ao longe a antiga residência de seu avô materno.

Entre o medo e a curiosidade, notou que seus pés não o obedeciam, mesmo que quisesse fugir não conseguia interromper o percurso, uma força desconhecida o impulsionava em direção a casa. Qual desgraça veria dessa vez? Ao chegar perto, percebeu o estado de abandono em que se encontrava a casa. Partes do telhado da antiga sala, onde tantas vezes eles fizeram suas refeições nos dias de passeio em visitas aos seus avôs estavam ao relento, o assoalho apodrecido, a cerca não existia mais, algumas heras verdes nasceram e cobriram as paredes. O cheiro de mofo era marcante. Pequenos animais peçonhentos rastejam rapidamente e se escondiam como se percebessem a sua presença. As escadas laterais, de onde tantas vezes descera correndo para chegar ao estábulo estavam danificadas. Desceu aquelas escadas e sentimento de tristeza, ao se lembrar de sua infância o invadiu. Caminhou receoso, pois sabia que pelos seus feitos ao longo da vida não tinham sido coisas boas. O que veria nesse sonho absurdo? Ao se aproximar do velho estábulo, as paredes que serviam de abrigos aos animais no inverno tinham sido arrancadas ou saqueadas, partes do telhado de madeira existiam espaçadamente.

Carroças sem rodas, uma velha bigorna enferrujada, cadeiras e pedaços de móveis. Tudo jogado pelos cantos entre as vegetações que haviam crescido absorvendo os espaços. O seu cavalo de madeira balançava como se alguém o estivesse usando! Seu brinquedo favorito que ganhara quando completara os seus cinco anos. Ele teve medo em chegar perto do brinquedo, parecia que se o tocasse algo aconteceria!

As lembranças de uma vida laboriosa no passado revelavam agora o retrato do abandono. De repente, sentiu um frio em suas costas, pressentimento de que não estava mais sozinho, não teve coragem de se virar e também não foi preciso.

O seu avô materno surgiu em sua frente, era um homem alto, seus cabelos fartos amarrados em um rabo-de-cavalo, o seu bigode deixava o rosto com expressão dura, os ombros largos e seu casaco de lã quase até os joelhos o fazia parecer maior do que era. O olhar dele era de reprovação.

– Você me envergonhou, meu neto!

Antony Gregory queria responder, mas sua voz não saia, as pernas ficaram moles, ouviu de cabeça baixa o resto da corretiva, sem contar que seu avô já havia falecido há anos e ele estava falando e vendo uma alma penada! Do que ele conseguia lembrar quando seu avô adoeceu estava com vinte e cinco anos, ouviu dizer que sua mãe e irmã foram cuidar dele e foi dessa vez também a última que destinou recursos para a sua família. No entanto, com a morte do velho, aquelas terras também passaram a ser suas. Com esses pensamentos entre o pânico e a realidade, naquele momento, não havia palavras a serem ditas. Seu avô continuou dizendo:

– Eu pago hoje os meus erros do passado, se fui ruim e fiz calar a boca de um infeliz o fiz por julgar estar defendendo-me, fui cuidadoso com minha família, você, no entanto foi um covarde, fez perecer os seus.

– Seja homem e vai ver o que fizeste!

O velho terminou dizendo essas palavras apontando o dedo em riste em direção oposta. Ele não teve como não olhar o que ele apontava, era a casa dos empregados a cerca de cem metros dos escombros da antiga casa grande. Mesmo que não quisesse, com toda a sua vontade, foi impossível resistir e entender o que se passava. Mal o seu avô terminara de dizer essas palavras ele se viu dentro da casa dos empregados.

Em um dos cômodos avistou a luz acesa, foi então que percebeu que já não era mais dia, e seu avô então desapareceu. Entrou em um ambiente miserável porém limpo, eram apenas três cômodos grandes. Uma cozinha feita de pedras, com a velha lareira acesa, os dois quartos ao lado estavam aquecidos, e ouviu vozes em um dos quartos.

Pela porta entreaberta, avistou uma cama onde uma senhora bem velha definhava. A sombra de outra mulher aparecia na parede, levou alguns segundos para reconhecer Lauricia, sua irmã, observando-as pela fresta das tábuas da porta.

52 | *Travessias e Mágoas*

– Vamos mamãe, está na hora da sua refeição, hoje temos um manjar dos deuses, abati um coelho!

Gregory se sentiu angustiado. Essa mulher de aproximadamente cinquenta anos, forte e quase bonita, era a sua irmã que ali estava à sua frente. Viu quando ela levantou a senhora sua mãe com todo carinho e começou a alimentá-la.

– Coma mamãe, você está muito doente, isso me entristece muito, não precisava ser assim! Eu jamais perdoarei meu irmão por tamanho descaso. Sabes bem a senhora que por mim ele jamais deveria aparecer, pois o que fez com a senhora não tem perdão!

A baronesa tossindo e engolindo com dificuldade, respondeu.

– Eu sei filha, fui a responsável pelos sentimentos que carregas em relação ao seu irmão. Eu já disse que o perdoei de coração, tudo que passamos nesses últimos anos foi bom para nós duas. A miséria nos uniu, hoje somos mãe e filha de verdade e acima de tudo duas grandes amigas!

– E peço-te quando eu morrer, o que não vai ser longe esse dia, meu desejo é que mudes daqui, é ainda uma mulher com saúde, não podes permanecer em um lugar onde só te traz recordações amargas.

– Eu sei mamãe, farei isso e espero um dia ter um coração bom igual ao teu, mas hoje desejo que Gregory esteja nos quinto dos infernos! Gregory ao ouvi-la sentiu como se levasse uma punhalada, abaixou e escondeu a cabeça nos braços, mal sabia sua irmã que verdadeiramente estava a viver um inferno!

– Perdoe-me mamãe por ser sincera, a senhora não merecia tamanha desgraça. E se Gregory estivesse presente em nossa vida talvez nosso destino fosse outro.

– Não temos como saber, filha... Além do mais, eu não o estou desculpando de nada, quanto ao seu destino eu fui a única culpada, o desespero de uma mãe sozinha em tentar cuidar de sua única filha.

Quando que nós iríamos saber que aquele moço de sorriso fácil, cheio de gentilezas iria unir-se a você exclusivamente para passar as mãos nos únicos recursos deixados pelo seu avô, uma vez que as terras já seriam de seu irmão por direito? Que sumiria para jamais voltar, e que por conta de mais essa desilusão você nunca mais iria confiar em homem algum?

– Desculpe mamãe, mas do que vi da classe masculina não tive outra escolha, duas vezes me foram suficientes.

Gregory expulsou-nos de casa sem piedade, e meu casamento foi um erro, preferi viver sozinha, nisso ninguém teve culpa nem mesmo Gregory. Foi uma decisão minha, está certo que foi encima de acontecimentos desagradáveis essa atitude, mas foi melhor assim, hoje ninguém tripudia sobre minhas desgraças.

Contudo, Gregory foi um filho desalmado, e hoje eu a vejo definhar nessa miséria. E você está muito certa mamãe, pode-se até dizer doce miséria essa que vivemos, pois sei perceber nos olhos das pessoas os sofrimentos delas. Sou hoje compressiva, escuto minha consciência. Quem sabe que pessoa eu seria sendo dona de posses? E nós duas mamãe, nos amamos de verdade, sem as interferências dos protocolos sociais.

Gregory ouvia essa conversa encostando-se à parede, tinha medo de respirar e ser identificado; como fora um homem covarde!

Ouviu a risada de sua mãe que se transformou em tosses intermináveis. Pouco depois, mais tranquila sua mãe começou a falar.

– Eu jamais vou esquecer o dia em que fui procurar a condessa Lidya e o conde Jocelym. Imagina você, minha filha, que cena ridícula pela qual eu passei? Eu fiz errado, deixei o meu orgulho acabar conosco, os procurei tarde demais, se eu tivesse buscado ajuda nos dias que seu irmão nos escorraçou de casa...

O conde era um homem ponderado, talvez ele tivesse colocado um pouco de juízo na cabeça infantil de seu irmão. Anos mais tarde, em um dia chuvoso eu, maltrapilha no portão da residência do conde, querendo falar com a condessa e ainda dizendo ao mordomo que ela era minha amiga!

O pobre homem mandou que eu aguardasse e pouco depois veio um dos serviçais com uma garrafa de manteiga e dois pães!

– Foi nessa hora, filha, que percebi realmente onde me encontrava, meu orgulho me levara ao extremo; voltei para casa e resolvi entregar para Deus nossos destinos. Porém, ainda resta você minha querida... Peço-te mil vezes perdão, eu acabei selando para ti este pedaço de desgraça!

– Mamãe, nós vamos fazer um acordo, prometo-te que gastarei o resto dos meus dias procurando não pensar mais nesse assunto, quanto ao Gregory, perdoe-me, mas não consigo desculpá-lo, quem sabe um dia...

– Venha, mamãe, está na hora do seu chá.

Sua mãe começou a tossir novamente e o pano usado para limpá-la ficou marcado de sangue. Completamente envergonhado saiu porta afora temeroso em ser visto, andou a esmo pelos campos, sua vida passava cada pedaço por sua mente. Seu avô fora generoso, ele não. Fora covarde, não existiam palavras para descrever o que fizera!

Precisava sair dali, não poderia ser visto, era vergonhoso demais e quem sabe aproveitar a ausência do bruxo, – essa era sua única chance. Começou a correr com sofreguidão, mas o ar foi se tornando irrespirável e a paisagem mudou de repente; a neve espessa cobriu a vegetação, as folhas das árvores pareciam cachos de uvas com gotículas petrificadas, seus pés se afundavam na neve magnífica. Os morros e os declínios se misturavam como se o universo os cobrisse de branco.

Desesperado percebeu que não conseguiria sair daquelas visões tão reais e intensas, o frio o castigava; em meio a essa loucura preferia a cela fria da tal Pedra Gádja. Pelo menos lá estava entre as grades e sabia onde estava. Não havia esse transporte no tempo, e a todo o momento estar vivenciando pedaços de sua vida que agora percebia, tinha sido bem miserável.

Ao longe, avistou uma mulher com uma pá cavando o chão. De onde estava a via jogar a neve para os lados e à medida que foi chegando perto, a terra vermelha que era retirada e jogada por cima da neve formava um colorido lindo de se ver. Era sua irmã!

Do lado, um corpo embrulhado em um manto gasto, e os cabelos brancos de sua mãe que balançavam com o vento se misturando à neve. O remorso que sentiu ao ver aquele quadro o fez sentir-se um monstro. Tentou pegar a pá para ajudá-la, não se importaria mais com suas investidas, ela que lhe jogasse na face tudo de ruim que ele fora desde que o deixasse ajudar a sepultar sua mãe.

Ao passar a mão para tomar a pá e falar com ela pedindo perdão, com o rosto lavado em lágrimas, viu suas mãos trespassarem as mãos dela!

Deu um passo para trás e em desespero percebeu estar invisível. Por isso, ela não o vira e nesse caso a única explicação plausível era a de que poderia estar morto mesmo! Ou não estava?

Com sofreguidão, ele tentou lembrar a data do falecimento de sua mãe, mas em um esforço sobre-humano as lembranças passavam em velocidade estranha causando-lhe dores pelo corpo. Caiu de joelhos, abriu os braços e chorando como uma criança pediu ajuda aos céus!

56 | *Travessias e Mágoas*

Isso! Acabava de se lembrar! Sua mãe falecera quando ele estava em uma viagem que fizera à África, participando de um safari com alguns amigos. Na volta, ao saber do ocorrido, sua irmã não se encontrava mais na antiga fazenda, e ele a vendeu logo em seguida, pois já estava metido em jogatinas e havia perdido muito dinheiro. E esse foi um dos motivos que o levou a não procurar a irmã, muito pelo contrário, o seu desejo era que ela sumisse para sempre, assim não veria parte de sua derrota.

Agora, nesse momento, era sim o poder do bruxo maligno, o cão dos infernos a atazanar sua consciência! Ficou ali vendo sua irmã chorar e sepultar a baronesa, uma mulher honrada cujo único filho marcou o seu destino, sem uma bênção, justo ela que era tão crente a Deus, e sem um sepultamento digno no cemitério da família.

Uma vida miserável e sem recursos, uma cruz feita de gravetos amarrada com um pedaço de corda e tendo o silêncio como testemunha. Gregory acompanhou sua irmã se despedir da mãe, ouviu cada agradecimento pelos anos que viveram juntas e pedir perdão pela miséria como se ela fosse a única culpada! E depois, como um molambento, presenciou sua irmã com idade mais avançada com os seus poucos pertences jogados nas costas saindo porta afora pela segunda vez, selando para sempre o destino dos Shanenbry. Para onde ela iria? Qual seria seu destino? Daria tudo para detê-la, compreendeu que essa era uma das suas desgraças, se encontrava ele hoje no maldito lugar chamado Pedra Gádja, era justo, deveria ser ali o inferno dos ingratos!

Com força descomunal, começou a andar e pouco depois se viu correndo, entrando novamente na floresta. Quanto mais corria mais escura se tornava. As árvores pareciam ter garras como se quisesse prendê-lo para sempre. O vento tinha voz e eram as vozes dos seus algozes, lamentos, gritos e xingos a encherem os seus ouvidos. Um pensamento lhe ocorreu, talvez essa fosse a única chance de escapar do bruxo! Por conta própria, decidiu ver como tinha sido a sua morte, por mais que isso fosse assustador, porque sonho não era mais! Uma certeza se apoderou de si, estava morto e não lhe restavam dúvidas, e se encontrava nos piores lugares; e Deus que deveria ser justo, não deveria ter outra opção a não ser deixá-lo amargar suas culpas.

Em meio a essa corrida desenfreada, queria acabar de uma vez com esse pesadelo. E se essa era a intenção do maldito bruxo, então que se revelasse logo!

Sempre ouviu dizer pela boca dos crédulos da possibilidade de sermos imortais, e que depois da morte poderia haver um julgamento pelas nossas atitudes, ganharíamos o céu ou o inferno, na média quem sabe o tal purgatório. Como não houve em sua vida interesse algum por essas questões, agora estava realmente em apuros, no entanto deveria tomar atitudes corretas, ao menos depois de morto; já era hora de assumir as suas atitudes, desse no que desse. Desgraça maior do que aquela que estava sendo obrigado a reviver – nada poderia ser pior!

E pelo sim ou pelo não, o que estava vivendo nesses últimos tempos fugia ao controle de tudo que já vivenciara, e algo de muito estranho se passava consigo. Enquanto fazia essas elucubrações em meio à corrida desenfreada, começou a lhe faltar o ar e Gregory, então, por alguns segundos perdeu os sentidos. Ao voltar a si estava diante do castelinho dos Shanenbry outra vez, o seu amado lar. Se pudesse iria ao seu belo quarto, tomaria um banho e descansaria em sua cama, vontade essa que sabia ser absurda. Já percebera nada era real ou era? Levantou-se e caminhou até a escada subindo os degraus em estado de melancolia...

58 | *Travessias e Mágoas*

Ao tocar a porta lembrou-se de sua condição invisível, entrou sorrateiramente deparando-se com as novidades: as cortinas e o papel de parede não eram mais os mesmos, e a mobília havia sido trocada. Na sala de jantar estavam pessoas desconhecidas, e na ponta da mesa onde sentava o dono da casa, que era o seu lugar, estava o Lorde Philomeno Bojavera. As lembranças vieram-lhe como águas represadas que romperam uma barreira. Sentiu uma pressão no peito, suas emoções assolaram-no a ponto de se encostar à parede para não cair.

As lembranças pareciam um rio que corriam em sua mente. Depois do que fizera com a sua amada Zimbilar o desgosto entrou em sua vida para sempre, aos poucos foi perdendo a sua fortuna; a bebida e a jogatina passaram a se tornar contumazes, seus afazeres no castelo sempre relegados a segundo plano. Considerando que ele não confiava em ninguém, os seus bens começaram a ser abandonados. Na condição de fanfarrão e cheio de bravatas, Gregory, com essa desilusão abriu as portas da libertinagem, e dessa vez não havia como sair da derrocada financeira em que se encontrava.

Sua fortuna foi perdida em uma simples carta de baralho, o acordo feito para o repasse dos bens seria nos próximos vinte e oito dias. Completamente perdido, a solução veio pelas mãos de um corso chamado Ginno Bollane. Esse sujeito, ao chegar à região se revelou um arruaceiro perigoso, suas aproximações foram rápidas, seus comportamentos parecidos, a amizade era rentável para os dois em negócios escusos.

Por aqueles dias chegaria à calada da noite um carregamento de ouro, cujo proprietário era o Conde Robert Dinot, também um negócio sujo em que esse homem ludibriaria os seus sócios.

No dia aprazado, pela madrugada na praia, Gregory, escondido entre as pedras, avistou uma pequena embarcação aparecendo na bruma marinha, e na praia uma carroça com dois homens se aproximava sem fazer barulho. De onde ele se encontrava, pôde ver duas sombras que pularam para dentro da carroça fazendo calar para sempre as gargantas daqueles condutores. Enquanto isso, Ginno nadava até a embarcação, e sua cabeça se confundia com as ondas do mar.

O barco desceu a âncora e quem tomou uma canoa para a aproximação foram os seus comparsas que assumiram o lugar dos mortos da carroça. Ao receberem um baú das mãos dos dois tripulantes suas entranhas foram rasgadas, enquanto isso Ginno, do outro lado, entrava na embarcação e assassinava mais dois, porém um deles cravou-lhe a faca em um dos seus pulmões.

Os dois homens chegaram da embarcação e colocaram o baú na carruagem de Gregory, e voltaram para fazer o resto do serviço. O acordo consistia em levar os mortos da escuna até alto mar, avariar o casco e confirmar seu desaparecimento no oceano profundo, e nunca mais pisarem naquela região.

Antony Gregory ficou extasiado de felicidade ao saber da morte de Ginno, relatado pelos comparsas. Ele mesmo teria de dar cabo a ele dia menos dia, pois este quando bebia dava com a língua nos dentes, e acabara de ver que a sorte estava do seu lado, então resolveu ser generoso, pagou um pouco mais aos homens, aos seus cúmplices para fazerem o serviço.

Caberia a ele soltar os cavalos e a carroça dos homens de Dinot, a deixaria jogada nas pedras, enquanto seus comparsas jogariam os corpos dos dois homens espalhados pela praia. Deixariam também marcas na areia de modo a simular a ocorrência de uma grande batalha. Em seguida, deitaria como de fato fez com uma de suas amantes, a escolhida foi a mais demente delas, uma maluca chamada Lorina, ela seria o seu álibi. Lorina bebia

60 | *Travessias e Mágoas*

tanto que iria jurar que estivera com ele a noite toda, ainda mais depois do vestido novo que Gregory havia lhe dado – caso ele tivesse necessidade de se defender.

Apenas um fato novo o desgostou profundamente! Um dos homens abordou um assunto que Ginno não havia comentado com ele. Ao saber do fato, naquele momento, gostaria que Ginno estivesse vivo, aí sim, ele mesmo iria esfolá-lo às claras. Era isso que desgostava em Ginno, ele era um irresponsável. Não se importava com os riscos. Há tempos vinha advertindo-o, apesar de estar sempre precisando dele sabia que dia menos dia ele aprontaria. Nessa noite mesmo, após a conclusão do roubo, já havia decidido calar a boca desse infeliz em meio à noite escura; ele seria também um dos corpos na praia em um lugar bem distante do acontecido que se caracterizaria por mais uma morte qualquer, e o mundo não perderia nada. Esse roubo era caso sério demais para deixar uma boca falaciosa solta por aí.

Seus comparsas, antes de entrar no barco e sumir para sempre, na hora do acerto um desses homens pegou um punhado de moedas, colocou em uma algibeira e disse que ele cumpriria o acordo, já que Ginno estava morto, afinal eles desapareceriam para sempre! Foi nessa hora que Gregory ficou sabendo que toda a informação a respeito desse carregamento clandestino tinha sido passada a Ginno por meio de uma escrava que trabalhava na residência de Dinot, que deveria ser remunerada e com esse dinheiro providenciar a sua fuga. Gregory passou o resto da noite agoniado ao lado de Lorina que dormia a sono solto, nem ao menos o viu chegar, pois o cheiro da bebida misturado a um perfume barato era testemunha de sua preocupação.

Com esse detalhe ele não contava. O tal encontro com a escrava seria em uma abadia abandonada, ao anoitecer do dia seguinte. Todas as vezes que havia questionado Ginno acerca da origem dessa informação ele dizia que estava tudo acertado e se eles eram sócios, ele também merecia confiança! O sono o venceu e Gregory acordou já com o sol alto e Lorina toda melosa lhe oferecendo um chá. Suas amigas, barulhentas, vez ou outra arredavam as cortinas sujas e rotas dos quartos e saiam dando risadas.

Gregory passou o dia em meio a conversas a bocas pequenas; alguns já sabiam de certa movimentação na praia, era também assunto perigoso, quem sabia preferia não falar. Gastou o seu dia tomando conhecimento dos assuntos sem estender comentários. O Conde Dinot estava dessa vez sem saída, dando-se por satisfeito em suas investigações.

Ao escurecer, Gregory foi cumprir o acordo firmado pelo desgraçado do Bollane. Chegou cauteloso escondendo-se e vestindo uma capa. As estrelas no céu já estavam despontando quando avistou uma mulher jovem e uma criança chegando; indignado percebeu que a situação se complicava mais ainda.

A mulher, olhando ressabiada, fez sentar o garoto em uma pedra e adentrou as ruínas, levando um susto ao ver Gregory.

Sem dizer uma única palavra, Gregory entregou o saco de moedas à escrava, e quando ela virou de costas em direção oposta, ele a segurou por trás e passou a faca na garganta da infeliz, pois o Barão Shanenbry não deixaria viva uma mulher envolvida nessa história!

Em seguida, caminhou rapidamente alguns passos e matou sem piedade a criança, suas ações foram rápidas, não se permitiu pensar, ao voltar para pegar o dinheiro da mão da infeliz ela ainda agonizava. Enquanto ele montava o seu cavalo a mulher se arrastava para onde se encontrava o filho morto; ele presenciou quando ela levantou um dos braços em direção ao céu pronunciando o que em seu dialeto parecia ser um lamento de perdão.

62 | *Travessias e Mágoas*

Nessa hora, a lua clara era a única testemunha dessa tragédia. O seu cavalo assustou com as palavras da mulher, relinchando inquieto... A mulher virou o rosto para ele e em seus olhos jamais viu alguém com tamanha dor, sentiu um frio nas costas, e pior ficou a vaticinação dela com a voz gutural.

– Perseguir-te-ei aos infernos!

Antony Gregory esporou o cavalo e partiu em disparada. Com inferno ou sem, seu segredo estaria encoberto, e no outro dia cedo começou a traçar a parte final dos seus planos.

Foi ao boticário onde todas as notícias ditas naquele recinto ganhavam o mundo, comentou de maneira enfadonha que teria de dispor de bens preciosos para saldar suas dívidas, armou uma viagem falsa de uma semana e deixou a cargo das línguas seus comentários. Na volta dessa viagem, ajeitou os seus negócios e também participou das buscas do carregamento dos bens perdidos no mar, com empenho deixando claro sua boa vontade! Essa folga financeira durou perto de dez anos e caiu novamente em derrocada!

Com afinco, refez os seus planos sem deixar os amigos perceberem sua desgraça financeira. Não havia mais patrimônio, restando-lhe apenas os bens imóveis sem ter como sustentá-los. Fez uma lista das possíveis solteironas ricas que não tinham conseguido o tão aclamado casamento.

A escolhida foi a milionária Seraphina Bojavera, uma moça empedernida, sem beleza alguma, mas sendo de boa família todos iriam aplaudi-lo, e ele entraria para o rol dos homens sérios. Comportou-se com dignidade, pediu a um dos lordes da região, o mais respeitado, que lhe ajudasse com essa corte, o que foi bem recebido, e, em menos de três meses Gregory já estava casado, e com a vida financeira reajustada.

Foi um casamento de aparências, mas como já havia feito muitas bravatas fez de tudo para ter um relacionamento normal, afinal, a idade também já estava chegando e não havia mais espaço para tantos desatinos. Uma vida amargurada sem prazer algum!

Suportou esse casamento por nove longos anos, a sorte, ou seu azar foi não ter filhos. Em meio a um surto de febre em que muitos pereceram, Seraphina também se foi. Via naquele momento que a esposa nada representava para ele, uma mulher que esteve ao seu lado como um peso morto, contudo, havia ficado em sua vida um sujeito de má índole, um sobrinho de sua esposa.

Philomeno Bojavera, ao longo desses anos enveredou-se pelos caminhos dos seus negócios, o que na época foi providencial, uma vez que também era um herdeiro parcial dos bens de sua falecida esposa, e que mais tarde tornou-se sua completa ruína.

Amante de jogatina e arruaceiro, um rapaz perigoso e traiçoeiro exatamente como Gregory era! Contudo, levava os assuntos com prudência em relação a esse parente. Com a morte da tia Philomeno ficou por ali e não dava sinais de partida! Gregory o induziu a fazer uma viagem a negócios rendosos aos dois, e com um pouco de sorte o rapaz talvez nunca mais voltasse, e quando retornasse ele já teria tido tempo de rechaçá-lo sem grandes traumas, inclusive financeiros, em relação aos dois.

Cinco anos e meio esse sobrinho se manteve ausente, houve prejuízo e alguns lucros. Quando retornou, uma semana depois, na presença de todos os senhores importantes da sociedade, no cassino entre risos e falsas alegrias, Philomeno Bojavera convidou Gregory para uma partida decisiva cuja aposta valia todos os seus bens. Gregory recusou o convite já reconhecendo de há muito não ter mais idade para tantas loucuras; alguns deram tapinhas

64 | *Travessias e Mágoas*

em suas costas parabenizando-o pela prudência, entretanto, ele concordava que o sobrinho era um bom jogador.

Em meio a conversas e alegrias, acertos e conchavos, esse sobrinho, em voz alta para que todos pudessem ouvir e com uma colher de prata que batia em uma taça, disse algo naquele momento que fez Gregory perder o chão!

– Senhores, um minuto de suas atenções, o barão Antony Gregory Shanenbry é o melhor jogador que existe e eu estou a desafiá-lo para apenas uma partida, meus bens contra todos os seus!

O silêncio se fez no recinto, e ele continuou:

– Sabem bem, senhores, que passei os últimos anos em terras distantes, por pouco não fixei moradia definitiva por lá, mas aqui estão as minhas raízes e agora estou de volta para ficar. E nessas viagens, para minha surpresa, fiz amizade com um nobre cavalheiro e esse senhor relatou-me fatos deveras interessantes, e a fama de jogar excepcional de meu tio Gregory já correu o mundo. Talvez esse homem a quem eu me refira seja conhecido de alguns dos senhores, trata-se de Bongo Rorum, viveu por aqui anos atrás!

Gregory, ao ouvir Philomeno pronunciar esse nome sentiu o seu mundo desmoronar, porque Bongo era um dos homens que fugira no passado, um dos comparsas que havia participado do roubo e dos assassinatos na praia. Philomeno, com artimanhas e dono de seu segredo, terminou seu discurso o induzindo ao confronto, – e ele se viu obrigado a disputar a partida em que valeria o resto de sua vida!

Entre a expectativa de todos os presentes, a notícia se espalhou como fogo na campina seca. O salão ficou abarrotado em segundos, todos queriam ver quem seria o novo milionário. E, como no passado Gregory tinha ficado conhecido por suas irresponsabilidades, seria mesmo um grande espetáculo!

Gregory sentiu-se perdido, não houve tempo para avaliar a desgraça que seria se o assunto do roubo fosse ventilado, e maldisse o destino. Não conseguiu se levantar da mesa, suas pernas amoleceram. Os olhos de Bojavera expressavam vitória antecipada; em sua viagem induzida por ele mesmo, o rapaz tinha voltado vencedor! Nessa noite, Gregory perdeu todos os seus bens, justamente no momento em que havia decidido parar com todas as estripulias e assentar a cabeça!

Antony Gregory saiu do salão parecendo um farrapo humano que na verdade era. E as atenções das pessoas, todas voltadas para Philomeno, o novo Lorde do castelinho.

Na volta ao castelo não conseguiu entrar a casa, ficou lá fora no pátio esperando o desgraçado que lhe havia preparado essa armadilha. Em segundos, pela sua mente passaram todo o seu infortúnio e as desgraças que viveu e fez os outros viverem. Quando Philomeno Bojavera apeou do coche ele estava à sua espera para reverter esse absurdo! Bojavera ouviu os argumentos de Gregory, na tentativa de anular essa partida de jogo absurda, afinal eram parentes, contudo mais uma vez foi surpreendido.

Bojavera dera-lhe o último tiro de misericórdia – segundo ele, havia escrito uma carta-testamento e colocado nas mãos de um padre. Caso ele, em qualquer circunstância, aparecesse morto a carta deveria ser entregue às autoridades. E deu também três dias para que Gregory saísse da propriedade que agora era dele por direito. Gregory sabia que mesmo depois de anos, aquele carregamento em ouro ainda causava interrogações e se fosse descoberto ele, certamente, seria enforcado.

No dia aprazado, foi a vez de Gregory sair do castelinho dos Shanenbry sem ao menos olhar para trás, deixando suas raízes e a história de sua família a qual ele havia arruinado completamente.

Saiu em condições piores que a da sua mãe e sua irmã, pois elas haviam saído com as falsas promessas, e ainda dentro das terras da família, um rastro de esperança que se apagou com o tempo, diante de suas irresponsabilidades e atitudes egoístas. E agora era sua vez! Estava sendo castigado, pagando cada lágrima derramada pela senhora sua mãe. Gregory se viu desamparado com poucos pertences jogados às costas. Eram as mesmas condições em que fora obrigado a rever a partida de sua irmã ao sair porta afora de um casebre caindo aos pedaços, nas terras de sua família, porém em miséria absoluta naquele quadro que o bruxo maldito mostrara a ele no sepultamento macabro de sua amada mãe. Para Gregory, reviver esses momentos agora como se fossem atuais, vê-los acontecer novamente, era contra a natureza, no seu entender, e representava uma dor inexplicável. Seria mesmo coisa do demônio, ou Deus também seria tão ruim assim?

CAPÍTULO 4

Com todas as lembranças vivas em sua mente, percebeu enfim o porquê dessa viagem bizarra ao passado, esse bruxo queria que ele confessasse as suas maldades; ao rever Philomeno já velho e sentado em seu lugar à mesa, era para confirmar a sua estupidez!

Contrariado, desceu os degraus do castelo e se propôs a apagar da mente essa perda, sabia ser o causador de tudo isso, não importava mais onde quer que fosse levado, o resultado seria o mesmo. Enquanto caminhava, parecia que o seu corpo transpassava por tudo como se não existisse barreiras; a força do bruxo o arrastou e dessa vez se viu em um cômodo de extremada miséria, era uma dependência ao lado do armazém de Gomes Silveira, um português que alugara para ele a preços módicos. O frio era intenso e nesse ano a neve chegara com vontade. Tudo o que Gregory tinha se reduzia a uma velha lareira rachada, seu único conforto, uma panela com uma sopa rala e um colchão sujo sobre um arremedo de cama. Em seu resto de vida tornou-se um párea da sociedade, não era mais aceito nas classes privilegiadas. Doente e desqualificado, sem ter mais nada o que perder, fez amizade com outro canalha igual a ele mesmo, e suas tramoias dessa vez eram apenas para a subsistência. Uma dupla perigosa, e se alguém precisasse realizar negócios escusos os procuravam. Essa amizade já durava quatro anos, no entanto Gregory havia se

68 | *Travessias e Mágoas*

convencido da necessidade de pôr um fim nesse relacionamento, o parceiro também bebia muito e era arrogante.

E alguns acertos feitos e bem pagos por aqueles que não queriam sujar as suas mãos nobres, se caíssem na boca do povo as consequências seriam desastrosas. Perdeu por completo os parcos escrúpulos que tinha em sua alma!

Gregory revivia todas as particularidades de seus dias na velhice, – a miséria, a solidão, o cômodo sujo e sem adereços, analisando o aposento miserável onde passou os seus últimos anos. Encontrava-se doente, com problemas renais, agravado pela má alimentação e desconforto. Nos últimos tempos, o seu quarto aconchegante nas dependências do castelo não saia de sua cabeça; se soubesse aonde os seus passos o levariam em seu egoísmo, teria feito tudo diferente. De barão a plebeu, de nobre a canalha!

Em tentativa extra, usando de toda a sua vontade, queria sair daquele cubículo fétido, já havia no seu entender visto o necessário, mas uma energia vigorosa o mantinha preso ao chão, um sentimento de perigo assolava a sua alma e suas mãos transpiravam. Ele estava encostado a uma parede e se via velho e doente, sentado sobre um caixote. Algo em seu íntimo queria desesperadamente sair porta afora, mas estava imantado com o coração batendo na garganta!

Levou um susto quando a velha porta se abriu de repente. Mesmo sabendo que essa "viagem" não era real alguém lhe dera um pontapé. Era o seu parceiro de malandragens e estava completamente bêbado, com os olhos injetados de sangue, acusando-o de não ter recebido a sua parte do acordo feito no último serviço. Esse comportamento do amigo já tinha acontecido outras vezes, e ele esperava o efeito da bebida passar e trazia o amigo de volta à realidade; e dessa vez, na verdade, o pagamento ainda não havia sido realizado.

O comparsa gritava e esmurrava a parede o inquirindo sobre o pagamento, pois se sentia lesado pelo amigo. O elemento transtornado, com a sua faca afiada, partiu para cima de Gregory. Ele pedia calma enquanto se levantava na tentativa de se defender, mas seus esforços foram em vão. O outro, por ser um homem forte e jovem, cravou-lhe a faca no estômago. A dor inexplicável parecia vazar sua alma, e em seguida, outra e mais outra estocada em suas entranhas, e Gregory percebeu enfim o mundo escurecer.

Antony Gregory reviveu todo esse momento trágico dos seus últimos suspiros e ainda foi obrigado a presenciar o que veio a seguir. Acordou de uma espécie de dormência, concluindo que essa passagem fazia parte do processo de conscientização de como tinha sido a sua morte. Então, ele percebeu ser no momento o pior dos seres, e que decididamente Deus não existia, pois se existisse haveria misericórdia, afinal no seu entender sofrera muito. Pelo menos, um pouco de seus atos de bondade deveria ser contado. Viu o assassino vasculhar os seus bolsos, recolher seus parcos pertences, dando-lhe ainda um chute no corpo sem vida e sair porta afora!

Ao vê-lo sair já não mais entrou em desespero, não havia dúvidas, estava morto, e a desolação entrou em seu peito!

Como era possível entender o que se passava? Não entendia... Alguns diziam que ao morrer tudo se acabava, e ele mesmo acreditava nisso! Como estar vivenciando toda a sua vida, então não havia morte? E alma dos bons subiria aos céus, e dos ruins...

– Onde estaria Deus para julgá-lo, ou já tinha sido julgado e o inferno era aquilo? Se fosse, quanto tempo estaria revivendo essas desgraças, seria pela eternidade como dizem as escrituras?

Aturdido, saiu porta afora sem noção de tempo e realidade. Na rua um féretro chamou a sua atenção, uma carroça velha levava um caixão mal feito e sem tampa. Uma força descomunal o

70 | *Travessias e Mágoas*

arrastou para aquele féretro de um homem só. Apenas o condutor da velha carroça!

A contragosto fora obrigado a prosseguir, e ao chegar a um cemitério abandonado viu as roupas e as botas do defunto sendo saqueadas pelo carroceiro, foi quando percebeu ser ele mesmo! Sentiu vergonha de ver o seu corpo nu jogado no chão de qualquer jeito. O carroceiro cavou uma cova rasa e rolou o seu corpo já velho e desgastado para dentro da cova. E, então, Gregory sentiu pavor inexplicável quando a terra fria começou a cobrir seu corpo.

Mas, nesse momento os seus gritos de pânico já estavam misturados aos gritos dos outros infelizes iguais a ele mesmo, presos nas celas ao lado, percebendo estar novamente em Pedra Gádja. De certa forma, ficou aliviado, e concluiu que ali era sim o inferno!

O lugar que verdadeiramente ele merecia; Deus já devia tê-lo julgado e ninguém poderia interceder a seu favor, fora sim uma criatura desumana e mesquinha, seu destino estava selado, queimaria para sempre em fogo eterno!

Pedia a Deus misericórdia e perdão, com sua alma dilacerada, mas esse pedido soava falso, por não se sentir merecedor.

Em meio a essa reflexão, Gregory começou a ouvir os passos daquelas criaturas estranhas e intuição forte bateu em seu peito, pois sabia que seria levado. Ele foi conduzido como um farrapo para aquela arena estranha que vira no princípio. O pátio estava repleto de seres infelizes iguais a ele, uma turba maltrapilha em algazarra, todos excitados como se fossem participar de um grande espetáculo!

Em seus olhares não havia piedade, transmitiam espécie de prazer, afinal ele também era um deles, então que fosse justa a sua desgraça. Fizeram-no subir na grande pedra e ele logo percebeu se tratar de um tipo de palco, onde havia uma mesa grande com vários bancos feitos de pedra, e nas laterais um pedestal onde o fizeram se sentar em posição de destaque.

A multidão calou-se de repente, abrindo passagem para alguns homens vestindo togas coloridas que entravam enfileirados subindo e ocupando os lugares na grande mesa. A aparência deles e seus olhares eram de fazer tremer qualquer um! Um deles tinha a boca rasgada, os olhos nas laterais pareciam olhos de cobra, opacos e sem vida e decididamente perigosos. Com cuidado, Gregory passou a avaliar os integrantes daquela mesa, suas expressões eram animalizadas. Diante dessa mistura de criaturas sinistras não havia mais dúvidas quanto ao local e seu destino!

Gregory, por um momento, se lembrou de seus tempos de criança quando nas horas dos sermões era instruído quanto ao poder do demônio, mas vendo agora o que se apresentava à sua frente, nada do que fora dito poderia se equiparar ao estado de pavor que sentia, mal conseguia respirar. O ser atemorizador que havia sentado na ponta da mesa se levantou e caminhou até a beirada do palco excitando os ouvintes; seu andar lembrava uma pantera, calma nas aparências, mas pronta para dar o bote. Com voz potente, levantou um dos braços e pronunciou:

– Que comecem o julgamento de Pedra Gádja!

Os aplausos foram intensos e com gestos teatrais ele gritou:

– Que entrem os defensores da luz!

Silêncio sepulcral se fez, alguns daqueles seres na plateia viraram suas cabeças em direção aos céus, parecia que esperavam suas salvações!

Antony Gregory pôde sentir na pele a decepção de alguns expectadores, ouviu lamentos e choros e os aplausos da maioria ensandecida, e a satisfação dos que compunham a mesa julgadora. Os gritos ensurdecedores naquela arena ecoavam fazendo o chão estremecer!

A criatura bizarra continuou a sua explanação.

– Como todos podem constatar, os representantes da luz não se fazem presentes; aqui em Pedra Gádja por séculos nós fazemos as nossas próprias leis.

– Aqui somos reis! Que entre o representante das trevas!

Gregory não conseguia concatenar os seus sentimentos; o inferno tão falado em todos os tempos era mesmo real e ele agora também fazia parte dessa turba!

Sentimento mesquinho de pequenez, vergonha tão dolorida, por não se sentir digno de pedir ajuda aos céus; se pudesse morreria outra vez! Agradeceu intimamente por não ter visto nenhum rosto conhecido.

Vento sinistro se formou no centro da plataforma, tal qual um pequeno furacão, e a figura do bruxo maligno que o martirizava se fez presente! Conseguiu finalmente vê-lo às claras. Seus cabelos eram vermelhos e em sua face esquerda havia uma pintura estranha completando sua indumentária grotesca. No centro da testa, havia uma estrela preta, descia dela uma seta até abaixo do queixo, um dos seus olhos era verde, o outro preto e o seu olhar causava arrepios. Este, ao se apresentar diante da mesa julgadora, inclinou o corpo para os componentes da mesa entre aplausos e olhares de cumplicidades, em seguida girou o corpo de frente para o público como se fosse um pião. Com gestos exagerados e um molejo no corpo começou a bater palmas, lentamente, no que foi sendo acompanhado por todos da plateia. Parou abruptamente, apontou o dedo em riste para Gregory dizendo para a mesa julgadora.

– Venho a essa corte, diante dos mestres, trazer motivos justificáveis para que eu possa ser para sempre o mentor do meu pupilo Antony Gregory!

Um dos homens da mesa levantou-se e perguntou:

– Essa corte, ao contrário do que possa parecer, mantém a justiça, e as nossas leis são rígidas. Seus motivos devem ser pautados na verdade, as decisões aqui tomadas perduram por séculos, apenas aquela que aqui raramente vem tem o poder de destruí-las.

– Quais são suas verdades, caro amigo Mirrandê? – questionou aquela criatura horrível no papel de julgador.

Gregory finalmente descobriu o nome do maligno que atormentava a sua existência, – Mirrandê, o nome do bruxo! E percebeu também, com muita tristeza, que aquele julgamento não passava de uma farsa, poderia ser sim mais uma das trapaças daquele infeliz chamado Mirrandê! O fato era que naquele lugar não havia ninguém que o socorresse. E se existisse mesmo Deus e os anjos, os detentores do Bem, como se dizia nas sagradas escrituras, estes que ele na vida relegara ao escárnio, estaria agora pagando seu preço?

A Antony Gregory, espremido naquele pedestal de pedras, com as mãos amarradas e aquela turba de infelizes aplaudindo, não restava outra coisa a não ser, pelo menos uma vez, encarar suas desgraças com dignidade. A covardia que sempre fora sua parceira dessa vez deveria ser rechaçada. Entretanto, os seus pensamentos foram interrompidos pelos comentários que vieram a seguir.

Mirrandê com voz melosa chamou a sua primeira testemunha, uma mulher de rosto queimado e aspecto debilitado, que subiu ao palco. Mirrandê a ajudou a se sentar com exagerada deferência, e olhando para a mesa julgadora expôs a sua petição.

– Eis aqui senhores, esse foi o nosso primeiro trabalho na última existência do meu pupilo; ele me ouve desde tempos remotos,

74 | *Travessias e Mágoas*

somos dois em um, quando ele está na carne eu estou aqui para instruí-lo e quando estou lá ele me auxilia!

– Esse foi o começo de mais um sucesso do meu protegido, essa pobre desgraçada perdeu a visão.

A plateia com murmúrios se fez de penalizada, parecia algo ensaiado, tal qual uma orquestra sendo regida por um grande maestro, o tal Mirrandê.

– Não... Não tenham pena senhores, – dizia ele. Ela não é uma pobre alma, teve o que merecia, devia-nos!

Houve uma explosão de ovações e palmas.

Gregory ficou estarrecido. Diante dele estava a pobre Soraia, que tantas vezes serviu a sua família; acabou buscando o seu velho comportamento egoísta, dando graças aos céus por ela estar cega e não poder vê-lo em sua desgraça!

Gregory não sabia ao certo quanto tempo duraria aquele espetáculo, a sensação que tinha era de que tudo seria interminável.

Em seguida, entrou uma mulher negra, essa o encarou com ódio e ameaçou Mirrandê com os punhos.

Mirrandê escarneceu-se de suas ameaças para a alegria da plateia escrota.

– Vejam senhores, quem está aqui outra vez, Phidia, a escrava da princesa Ábliz. Que pena, senhores, que a princesa não se encontra entre nós!

Os ouvintes em falsas penas acompanhavam com um sonoro...

Óóóóóóó! Ao pronunciar tais palavras, Mirrandê chegou bem perto de onde Gregory estava, e com a sua respiração intensa e seus olhos matreiros, o encarando de forma maliciosa, perguntou:

– Não reconheces essa respeitável senhora, Antony Gregory?

Gregory, mesmo que quisesse não conseguiria responder, pois havia reconhecido a mulher que ele assassinara juntamente com o filho no fim do dia após o roubo na praia, além do que a energia que exalava dele era dolorida!

Dando meia-volta e de frente para a mesa Mirrandê replicou ao público:

– A princesa Ábliz enganou-nos, apaixonei-me por ela perdidamente, dei-lhe o meu amor e toda minha existência. Com maestria, ela fez com que também Gregory viesse a amá-la, aliás, poucos não a amaram diante de tanta beleza! Mas, uma articulação bem montada, ajudada por sua escrava Phidia e seus soldados... Enquanto eu pensava ser o homem mais feliz do mundo, a princesa tomava os meus bens, e os seus escudeiros massacravam os meus soldados e destruíam o meu clã.

Apontando o dedo em riste em direção a Antony Gregory e com a voz impositiva disse:

– Todos os seus familiares pereceram naquele dia e você foi morto pelas mãos dela, – falou apontando para a negra que se dizia chamar Phidia!

Antony Gregory sentiu o seu corpo estremecer, como se um raio partisse a sua cabeça, e então surgiu em sua mente um campo de batalha. Surpreendentemente, homens fortes lutavam em meio à escuridão, as espadas cortavam seus amigos, choro de crianças e gritos alucinantes das mulheres, as tendas ardendo em chamas, suas provisões completamente perdidas e todos em total desespero.

Os escudeiros da tribo dos Nobu koê, montados em seus cavalos, foram atropelando tudo por onde passavam.

Esses escudeiros deixaram um rastro de destruição espalhando a morte. O acordo feito com o clã vizinho não tinha passado de farsa, pois o povo daquele clã tinha sido quase todo dizimado. Aquela cabeceira de rio era cobiçada, já tiveram lutas com outras tribos defendendo os seus territórios.

76 | *Travessias e Mágoas*

Gregory se viu correndo em um corpo diferente, um homem de pele escura, forte e atlético, um verdadeiro guerreiro; seu arco certeiro atingia seus inimigos, lutou até quase o raiar do dia. Quando se viu praticamente sozinho para proteger a vida resolveu esconder-se! Onde se encontrava seu líder e amigo, Ranhã Davanhé, estaria morto? E a sua amada princesa Ábliz, a líder desse clã maldito, estaria também morta, teria sido deposta, imolada?

Escondido em uma gruta esperando a hora certa para sair lembrava-se das palavras dela revelando que Dhulaier era um dos seus primos e que há tempos ele queria roubar-lhe o trono; era um homem maldito e tinha poder de bruxarias; talvez sua amada a essa hora já estivesse morta.

Quando se sentiu seguro saiu à procura dos sobreviventes, assegurou algum conforto para eles e partiu em busca de Ranhã que fora tragado pela terra! Levou um dia e uma noite até chegar ao clã dos malditos; os portões estavam abertos e a cidade estava vazia. Perambulou por entre as tendas e encontrou Ranhã quase no fim de suas resistências físicas, jogado em uma vala, que desembocava no fosso.

Se aquelas palavras não tivessem saído da boca de seu amigo ele jamais acreditaria, com a voz embargada e cada palavra lavada em sangue ele confessou que sua amada Ábliz, a bela princesa, ela mesma o atingira com o seu punhal em seu leito de amor. Amargurado, Gregory percebeu então a sua trama, pois ela os enredara em seu jogo, afinal a vida do seu povo dependia dele e de Ranhã, e agora, depois desse golpe, ela seria soberana de toda região. Seu amigo e líder o fez prometer que a perseguiria até depois da morte! E ele não teve tempo de revelar que também fora enganado pela princesa, porque a morte chegou reclamando a vida de seu líder. Sentindo-se traído duplamente, uma vez que ela também havia lhe jurado amor eterno, Gregory queimou o corpo de seu líder, oferecendo aos deuses supremos e partiu no encalço de Ábliz. Um guerreiro solitário em uma noite sem lua poderia ser vencedor, uma vez que bastava eliminar um único inimigo – o seu grande amor, a princesa Ábliz.

Se não a fizesse perecer, por mais dolorido que fosse, o seu povo assassinado não encontraria as portas que o levaria aos ancestrais. Partiu decidido, antes do seu amor e da sua vontade estava a salvação no mundo dos mortos de todo o povo do seu clã. E ele era fiel aos seus costumes, se dependesse dele todo o seu povo sacrificado nessa luta seria acolhido pelos anciões da estrela maior, onde um dia ele também seria acolhido.

Após vários dias escondido e viajando à noite, chegou a seu destino. O clã de Ábliz estava acampado próximo a um riacho, os cavalos pastavam, o ferreiro moldava uma lança, as mulheres estavam em seus afazeres e as tendas estavam iluminadas. Era um bom dia, os guerreiros deveriam estar caçando, poucos estavam presentes. Gregory aguardou pacientemente todos se recolherem, entrou sorrateiramente na tenda da princesa Ábliz, a pegou pelas costas e encostou a lâmina fria em sua garganta. Deu graças aos deuses não ter olhado em seus belos olhos, pelo contrário, não conseguiria seu objetivo.

Ela não emitiu o menor som, ele sentiu o corpo dela tremer de pavor em seus braços, mas em seguida ele sentiu dor profunda em suas costas. Ao se virar para ver o seu ofensor, ainda sem soltar a princesa, deparou-se com Phidia! A escrava fiel à sua senhora assim como ele ao seu senhor, cravou-lhe uma faca nas costas de maneira certeira, sentiu suas mãos soltarem lentamente a princesa enquanto ela o olhava de forma apavorada! Nessa visão, mesmo que não quisesse acreditar, Ranhã Davanhé era mesmo o tal Mirrandê, pois conseguiu sentir um laço de grande amizade e respeito vivido nessa época. Aturdido não queria acreditar, era mais fácil tê-lo como um bruxo maligno que o martirizava, dessa forma ele seria inocente e não um cúmplice. Causou-lhe desgosto e prazer constatar que um dia viveram essas experiências. Mirrandê parou em sua frente batendo palmas, esse ato o trouxe de volta ao palco maldito; assustado tentava arrumar os seus pensamentos enquanto ele dizia:

– Compreendes agora? Somos vítimas! Ela o apunhalou! –E apontou o dedo para a escrava Phidia.– E dessa você já nos vingou naquela abadia abandonada. – E para o nosso prazer, – dizia Mirrandê, – Zimbilar é a nossa bela e soberana Ábliz!

– Como podem ver os senhores juízes, nós somos uma dupla perfeita, nada escapa ao nosso controle, eu e ele, ele e eu, me digam, acaso entre os senhores já vistes uma sintonia tão perfeita?

Não... Não poderia ser, esse bruxo deveria estar enganado, era mais uma de suas maldades. Sua amada Zimbilar fora vítima de seus caprichos e de seu egoísmo! Gregory sentiu frio de repente, em sua face a dor era visível.

– Onde estaria Zimbilar, o seu grande amor?

Mirrandê, dando voltas em velocidade desumana, gargalhando, estancou sua dança e concluiu.

– Engana-te Antony Gregory Shanenbry, ela não era o seu amor, ela não amava ninguém, era um demônio disfarçado de mulher!

Em seguida, virou-se para a mesa e continuou a sua defesa.

– Estamos juntos há séculos senhores, nossas vinganças serão eternas, somos um, juramos vinganças através dos tempos, nossa amizade e fidelidade são dignas de considerações, não somos ruins, somos justos! Eu poderia passar a eternidade expondo os nossos feitos pelos caminhos tortuosos, porém reconheço que os senhores são ocupados, existem muitos que precisam de seus conselhos memoráveis. E, diante desse fato inexorável, peço a esse honorável conselho, dê-me a responsabilidade novamente de ter Gregory junto a mim, sou seu mentor por direito. Entre nós, residentes de Pedra Gádja, apenas o Carrossel tem o poder de nos separar e esse raramente aparece por aqui!

Mirrandê se colocou em postura de espera, e silêncio macabro se fez, e os componentes da mesa julgadora cochichavam entre si.

Se não estivesse morto, Gregory teria pedido a morte nesse momento, a ficar junto àquela criatura, apesar de reconhecer a realidade dos fatos entre eles, mesmo porque era inegável uma vez que o tal Mirrandê parecia saber mais de sua vida do que ele próprio. Seria este o seu castigo pela eternidade!

Não entendia direito o que Mirrandê estava dizendo. Se fosse arriscar um palpite, diria que em muitos dos crimes cometidos nessa sua última existência não estava sozinho, era isso? Por mais que tivesse sido obrigado a reconhecer suas vidas entrelaçadas, caso fosse verdade mesmo tudo isso, eles haviam tecido, então, um relacionamento pautado no compromisso e lealdade? Ainda assim algo dentro dele rechaçava essa possibilidade, afinal em todos os dias de sua vida não faltou um sequer sem se lembrar de sua covardia. Como fora capaz de assassinar uma menina alegre e tão sofrida quanto Zimbilar? Ela vivia em seu mundo e não exigia nada em troca. Ele atravessou o caminho dela e exigiu ser amado; foi como se ela soubesse que ele não era merecedor, e ela estava certa, afinal antes de conhecê-la já havia feito perecerem uma escrava e seu filho inocente, e muitos outros a seu mando.

Ao longo da vida, suas noites foram de extremada angústia, em lugar da revolta pelo amor não aceito seu coração foi aos poucos sendo tomado pelos sentimentos de remorso. Era uma dor sem saída; passou a questionar os seus merecimentos e com a idade e tantos desatinos e o seu comportamento desregrado concluiu que, também, "matara" sua mãe e sua irmã da mesma forma. Apunhalas pela sua maldade!

Poderia Mirrandê tê-lo induzido, e ele por ser um irresponsável e de má índole, ter permitido? Concluiu sem muito esforço que, por mais que os padres estivessem errados em seus comportamentos pessoais, as Escrituras não estavam, e muito menos os bondosos conselhos de sua amada mãe, que significavam caminhos opostos aos que ele trilhava naquele momento.

Pela primeira vez, se arrependeu de verdade de todos os seus desatinos, e fechando os olhos pediu perdão a Deus por tamanho desamor... No ato de seu pedido, sentiu medo de saber quem foram em sua última existência os seus pais, e os outros a quem ele espoliara. Se pudesse iria, sinceramente, tomar novos caminhos. Caso isso não fosse possível iria se submeter sem murmurar às suas desgraças, em que ele tinha sido cúmplice. Foram tão profundos os seus pensamentos, tão sinceros e envolventes que já se encontrava sozinho no palco sem perceber que a turba havia desaparecido!

A mudança de clima, o silêncio no ar o fez abrir os olhos, e foi então que percebeu pequena parcela da multidão que chorava baixinho com as mãos estendidas em direção aos céus, enquanto outros corriam se escondendo!

Aturdido, procurou o séquito que compunha a mesa e também Mirrandê, e nenhum deles se fazia mais presente. Notou, enfim, nos céus um cortejo de luz clareando aquela arena, e as pessoas gritavam e pediam misericórdia para o carrossel. Percebeu, finalmente, que o tal Carrossel eram os anjos de Deus!

O céu vermelho foi mudando de cor, sendo varrida aquela cor sinistra, do mesmo jeito que o mar varre a areia da praia.

Caindo de joelhos, pôde perceber que à frente do cortejo havia um ser com formas humanas e suas asas transparentes chegavam a cegar tamanha luz e beleza. Os focos de luzes menores abraçavam alguns daqueles seres miseráveis que pediam socorro e desapareciam no infinito.

Envergonhado, fechou os olhos em completa submissão e remorsos. O carrossel chegou. Deveria ele ser merecedor daquela caridade? Pedia perdão por todos os seus erros, e mesmo que não fosse socorrido dessa vez, agora ele sabia, havia sim uma forma de sair daquele sofrimento! Esperaria o tempo que fosse necessário e faria de tudo para ser merecedor. Uma espécie de cansaço repentino o fez deitar-se e se perdeu em um estado lânguido, e o sono da paz o fez adormecer.

CAPÍTULO 5

Acordou com o som de uma música sacra, a luz amena em um ambiente de paz e acolhedor, esse foi o seu despertar. Gregory abriu os olhos lentamente, olhando dos lados tentando ver onde se encontrava, já passara por tantos sofrimentos que se tornara difícil confiar nas aparências. Deveria estar encantado com o silêncio desse despertar, contudo, ao se lembrar daquele julgamento, do lugar de sofrimentos e de Mirrandê, tudo era possível! Sentando-se, percebeu um aposento arejado com janelas abertas, portas escancaradas como se os donos daquele paraíso estivessem lhe dizendo:

– Saia, encontra-te livre!

Temeroso, preferiu esperar que alguém aparecesse. Afinal, quem seria dessa vez? Pedra Gádja ainda estava viva em sua memória. O que havia presenciado não era simples fato que cairia no esquecimento, de uma hora para outra. Somente o tempo apagaria as lembranças de tantos momentos apavorantes. Sacudiu a cabeça atordoado, um misto de desgosto se apoderou de Gregory.

– Onde encontraria mais forças para as novas novidades? Gostaria de verdade que esse novo ambiente fosse o oposto de onde estivera, sem contar que não sabia como havia chegado ali naquele novo aposento, esperava sinceramente que Mirrandê não estivesse por perto. Ouvindo passos, ficou apreensivo e uma senhora entrou, sorrindo.

84 | *Travessias e Mágoas*

– Bom dia meu amigo, como se sente? Seja bem-vindo em nome de Cristo!

Uma avalanche de emoção tomou conta de Gregory, pois ser chamado amigo, e em nome de Cristo o abalaram; essas palavras provocaram um derrame de angústias, sua dor mostrou a cara, ele chorou todas as suas desgraças, mas dessa vez com um abraço sincero de alguém que se condoía de suas dores!

Sentia-se sujo como se toda água do mundo fosse pouca para limpá-lo, e assim, por alguns dias ele recebeu cuidados, e aos poucos começou a compreender onde se encontrava, um lugar de paz. O que importava era que esse lugar era o oposto de onde estivera durante aquele período tenebroso de sua vida. As lembranças das masmorras em Pedra Gádja e seus residentes pareciam naquele momento tão distantes que sua mente, às vezes, fazia esforço para lembrá-las. Ao se equilibrar, aos poucos os esclarecimentos tomavam forma. Por onde andava naquele recanto de paz estava sempre à sua disposição a senhora que se dizia chamar-se irmã Neyde, e os seus questionamentos eram respondidos à base do amor e da compreensão. E em um desses passeios, arriscou a fazer as suas perguntas, tinha medo das respostas, mas era necessário, do que sabia de sua vida, suas desgraças foram justamente por ele se achar autossuficiente.

– Irmã Neyde, eu tenho tantas perguntas, não sei se devo, aqui estou em paz, me sinto amparado, mas já cometi tantos desatinos que tenho medo de falar e quebrar essa harmonia, mas a cada dia sinto que devo saber como vim parar aqui, o porquê e até mesmo quem sou eu.

– Não tema Antony Gregory, estamos aqui a prestar esclarecimentos a todos que já se sentem preparados para a verdade individual.

– Eu estou em paz e agora me sinto bem, mas tenho na memória visões de lugares tenebrosos como se eu estivesse em sofrimentos intermináveis, junto a criaturas das quais não tenho ao menos condições de explicar. Sinto-me perdido, não sei se foi um sonho ruim ou se agora o que estou vivendo também é parte de outro sonho. Como eu posso saber qual das situações é a verdadeira?

– As duas situações meu caro Gregory, cada uma delas com a sua realidade. A diferença é que onde estamos agora, lugares como esses são regeneradores, um recanto que proporciona aos indivíduos o equilíbrio, para que possam justamente estar em condições de perguntar e entender as respostas. Irmãos em sofrimento e em desequilíbrios que ao chegarem aqui são amparados e esclarecidos por irmãos portadores de conhecimentos em relação à eternidade do espírito. Somos todos carentes de esclarecimento. Deus nosso pai designa seus filhos de ordem Elevada Espiritualmente, que nós comumente os chamamos, muitas vezes, de anjos e santos para nos auxiliar quando estamos preparados para mudanças reais em nossa escala evolutiva. E você Gregory, reconheceu a necessidade de mudanças, por isso que lhe será concedida uma nova oportunidade!

– Então, aqui é o céu tão falado, e onde eu estava era o inferno?

– Não Gregory, não da forma que coloca, mas quase isso; aqui convivemos com Espíritos voltados ao bem Universal, são portadores de conhecimento e do amor de forma mais apurada, a bússola está sempre apontada em direção à Luz Divina. São irmãos cuja função é recolher dos lugares infelizes, que também são mundos reais, os irmãos em sofrimento por desconhecer o caminho do Bem.

– Mas então era real, eu estava mesmo em lugares tenebrosos? E essa "oportunidade" a que se refere? O que seria? E são

86 | *Travessias e Mágoas*

apenas os que querem mudanças que merecem uma nova chance. Mas que mudanças, que chances? Estou tão perdido, vi a minha morte, mas me sinto vivo!

– Essa tal "oportunidade" meu amigo, é renascer e viver na carne novamente, aproveitar as novas experiências, tentar acertar e corrigir os erros do passado, de vidas anteriores, e angariar passos seguros em direção à retidão. E todos nós temos essa chance, se assim não fosse não seria correta a Justiça Divina. É uma das formas que o espírito evolui não que seja a única, porém a maioria de nós ainda precisa das experiências terrenas, e o corpo é uma ferramenta de extrema importância, pois nos limita em nossos desatinos.

Existem os espíritos que renascem tendo real consciência de seu novo trabalho e os que voltam para a vida física sem ao menos perceber a sua condição de desencarnado, que é a condição em que nós nos encontramos agora, que dirá saber o que venha a ser reencarnar. Pois, são ainda irmãos incapacitados mentalmente para tal conhecimento, mas em qualquer das circunstâncias, a providência Divina propicia novas chances de aprendizado; esse é o tal Milagre Divino que muitos desconhecem. Na condição de homens, nós quando passamos por dificuldades, quando temos os nossos sonhos perdidos, quando estamos doentes, ou corremos perigos e acontece algo de especial que nos salva nós dizemos ser essa salvação um milagre, mas na verdade o real Milagre de Deus nos foi dado quando fomos criados, a vida é o Milagre.

Existem incontáveis mundos como esse, no caso desse recanto em que estamos agora, a preparação do espírito que vai reencarnar é a tônica, os que daqui voltam não se vão sem saber o que precisam corrigir em suas atitudes, saem daqui com uma visão mais apurada dos fatos sobre a sua jornada.

Assim como não podemos olvidar que há lugares iguais e melhores do que esse ou piores do que Pedra Gádja, há também lugares de sofrimento ameno, lugares para estudos acerca da ciência da alma e do espírito, acerca das questões da existência humana e espiritual, e a respeito da necessidade de Evangelização. E não estou falando das Religiões existentes no plano terreno, mas sim do Amor. Exatamente como no mundo físico meu amigo, o Bem e o mal, o joio e o trigo, um se servindo do outro, mas no final todos nós seremos mais um caminheiro da luz.

E sempre terão e teremos alguém ajudando e sendo ajudado, em qualquer das circunstâncias.

Você mesmo meu caro, quando se encontrava em Pedra Gádja, contava com o seu Espírito protetor ao seu lado o tempo todo, ele jamais se afastou de você, porém as suas atitudes não permitiam que ouvisse os seus conselhos amorosos ditados por meio de seus pensamentos! O mal que praticamos a terceiros é na verdade um fechar de portas para a luz. Passamos a viver na escuridão causada por nós mesmos. A culpa é a chave que abre a porta das mágoas e nós nos afogamos, e nesse desespero não enxergamos quem nos salvaria.

Para os menos esclarecidos, aqui poderá sim ser confundido com o céu imaginado, mas não aquele céu, um lugar de repouso eterno, do jeito que nos foi ensinado por tradições religiosas, porque o repouso eterno não existe!

O trabalho Divino é perfeito, mas ainda incompreensível para muitos de nós aqui, mesmo nos encontrando em estado de privilégio, como eu, por exemplo, não sou ainda elevada a ponto de desvendar muitos mistérios. Somos aprendizes e residentes e os Irmãos de extremado conhecimento e bondade prestam socorro aos menos felizes e nos ensinam a praticar a caridade.

88 | *Travessias e Mágoas*

No seu caso Gregory, você foi um residente em Pedra Gádja, lugares como aquele são criações mentais de espíritos em sofrimento, que se tornam mundos reais. Uma coletividade de seres que vicejam suas mágoas, culpas, medos e crendices de tal forma que se perde no tempo. Há duas categorias de Residentes nesses ambientes, os que não querem permanecer lá, mas os seus atos infelizes os mantêm imantados, e os que são maus e se comprazem no que fazem e se orgulham de ser do jeito que são!

Apesar de todo sofrimento contido nesses mundos não podemos interferir no comportamento coletivo dos seus habitantes, podemos sim e devemos recolher aqueles que finalmente libertam-se de si mesmos! Aqueles que rompem as amarras, que desejam mudanças e, finalmente, compreendem a necessidade de vivenciar um novo caminho.

– Irmã Neyde, como eu fui parar naquele lugar? Poderia eu ter evitado? E por que Deus sendo justo e bom permite tamanha dor? Percebi que naquele lugar só há dores, parecia que muitos eram inocentes.

– Suas atitudes os arrastaram para lá, sua mente estava em sintonia com aquela coletividade, portanto você poderia sim ser levado pelo seu campo mental para lugares melhores desde que os seus atos no passado não o reprovassem.

– Gregory, grosso modo, podemos dizer que, em nossas oportunidades desde tempos remotos quando iniciamos os primeiros passos em direção ao entendimento e à consciência da individualidade, o egoísmo que no início nos mantinha vivos, esse sentimento de proteção começou a mudar. Passamos a dominar e a ser dominados, e nas variantes de sucessivas reencarnações os demais sentimentos nos foram acrescidos posto que, no princípio atendíamos ao Instinto e só depois à Razão. Esta variante nos distanciou da condição animal destacando-nos e nos tornando aptos a exercer o Livre-arbítrio. E essa escalada Humana e Espiritual, uma hora aqui e outras vezes lá, é que permite o desenvolvimento material e espiritual em franco progresso, independente de termos ou não consciência desse trabalho. Mas, o essencial que é o amor que nos propicia paz, nós temos certa dificuldade em aceitar. Enfim, somos nós mesmos que traçamos esses caminhos felizes ou amargos, a dor ainda é para muitos a única forma de aprender.

Não sabemos amar de forma simples, nosso amor ainda é carregado de amarguras, amamos e exigimos ser amados. Essa exigência em todos os quadrantes dos sentimentos é o caminho que nos leva à perdição íntima! Nas oportunidades que temos de renascer, o que nos salva consiste no fato de que o nosso legado, positivo e nobre, jamais se perde. Contudo, nós podemos mantê-lo estagnado ou expandi-lo, isso vai depender das nossas escolhas, da nossa vontade em progredir moral e espiritualmente.

Os nossos pensamentos são vivos, como se fossem espelhados; ledo engano acharmos que ninguém consegue devassar a nossa intimidade mental. A nossa amada Terra, reduto de expiação e provas, vibra e sofre as consequências dos pensamentos coletivos de seus habitantes. Do mesmo modo que na Terra há elementos de má índole, que se agrupam para provocar as suas maldades, em estado de desencarnado também há aqueles que se comprazem com o mal! O mundo espiritual é tão real quanto o físico, apenas de outra forma, outra matéria ainda incompreendida; e é por isso que a evolução não para, o que hoje não entendemos, no futuro, será parte integrante do nosso cotidiano.

– Você caro amigo, foi arrastado para um desses mundos mentais de profundo sofrimento, seus sentimentos de culpa e

90 | *Travessias e Mágoas*

remorso o arrastaram na forma de um imã, sem contar que lá se encontram muitos daqueles que viveram em várias oportunidades junto a você em um entrelace de vida sem grandes proveitos em direção ao Bem. E Deus, sendo justo, não interfere em nosso livre-arbítrio; se assim fosse o trabalho seria dele. O reajuste íntimo é pessoal, no entanto, jamais estaremos sozinhos, mesmo nas piores circunstâncias.

– Retirar um espírito do lugar de onde ele se encontra mentalmente contra a sua vontade é aviltar a sua liberdade. Deus, meu amigo, é amor e paz; a dor é uma criação nossa por onde caminhamos, muitas vezes, em direção contrária a esse amor!

Gregory não tinha palavras para expressar o seu espanto, o que ela lhe explicava provocava alívio e pavor, contudo ele a inquiriu com as mãos frias de medo das respostas.

– Eu poderia saber por quanto tempo fiquei nesse mundo? Parecia que jamais teria fim. E onde estão os meus familiares, será que um dia eu poderei vê-los? E como poderei corrigir as minhas irresponsabilidades?

– O tempo na espiritualidade, Gregory, não se equipara ao do mundo físico, e você esteve em Pedra Gádja por quase duzentos e oitenta anos do calendário terreno, e já faz dez e alguns meses que se encontra aqui entre nós. Enquanto lá vivia em agonias e mágoas, por conta de sua consciência atormentada, vivenciando os seus demônios íntimos, muitos dos quais foram frutos de sua criação mental e aperfeiçoada por uma formação religiosa cheia de crendices, aqui você esteve em repouso absoluto, o sono reparador para um despertar consciente como se encontra agora.

Antony Gregory, ao ouvir da orientadora o tempo decorrido em Pedra Gádja, vestiu a capa da perplexidade! Vivendo naquelas condições, sendo atormentado em suas angústias por tanto tempo? Seus pensamentos voaram, e que mundo teria a população terrena nos dias de hoje, e qual o seu nível de desenvolvimento? Sentiu-se minúsculo e completamente perdido após essa explanação. Onde estaria ele no contexto da criação Divina? Se fosse fazer uma avaliação, quem ele tinha sido em outras vidas, além daquela vivida com Mirrandê? Que vidas teria pela frente?

Eram tantas as perguntas que se não tomasse cuidado talvez fosse esse também mais um tormento. Ouvindo-a quase esteve prestes a dizer a ela que ele não queria estar em Pedra Gádja, mas se calou a tempo, pois seus medos e culpas eram sim barreiras intransponíveis sem contar sua parca fé. Não era hora de menosprezar a inteligência de sua interlocutora e se fazer de vítima, uma vez que ele não era!

Percebendo a sua inquietação, irmã Neyde o tranquilizou quanto ao seu futuro, e passando a mão gentilmente em seu braço, o convidou a entrar, pois estava na hora das orações.

Ao adentrar o recinto de preces percebeu inúmeras almas perdidas como ele, sem saber o que fazer com tantas informações, olhares apreensivos como os dele mesmo. De tudo que foi dito e o que lhe foi acrescido ao longo de sua recuperação, podia-se também concluir que Deus sabe-se lá quanto tempo duraria tudo isso. Quantos anos do mundo físico? O que importava no momento para ele era aproveitar os esclarecimentos e ser grato a tanto carinho recebido sendo Eles conhecedores de todos os seus erros; e ainda assim, não ver nos dirigentes daquele espaço Divino semblantes voltados a críticas para com a sua pessoa ou aos demais internos, já era uma benção!

Quanto mais se sentia fortalecido mais informações lhe eram passadas.

92 | *Travessias e Mágoas*

Com relação ao seu passado, foi aos poucos clareando em sua mente o que lhe era possível saber, diante de sua inferioridade como entidade, como um véu que se descortinava. As dúvidas em relação ao local de onde viera e onde se encontrava, naquele momento, eram confrontadas mediante a verdade comprovada perante cada detalhe vivenciado por ele mesmo. E se ele pôde passar anos vivenciando tormentos, convivendo com criaturas em extremo sofrimento, o que estava vivendo naquele momento em estado de paz poderia durar eternamente, mas não era assim que as coisas funcionavam. Em um belo momento de tranquilidade, em que contemplava o céu magnífico, foi notificado por sua acompanhante prestimosa de que em breve retornaria para o plano físico e nasceria em um mundo novo, onde o progresso caminhava a passos largos; uma realidade que ele nem imaginava que pudesse existir.

Deveria se preparar, cercar-se de conhecimento, pois a sua nova vida não seria coroada de pompas e honrarias. Seria uma existência em terras novas, um Continente distante de suas origens. Essa mudança radical de costumes e etnias lhe seria de grande proveito para o seu equilíbrio. Seus algozes e cúmplices assim também os seus afins vivenciariam parte dessa sua nova experiência. Cada um com os seus fardos, e juntos seriam mais uma vez parceiros das alegrias ou das derrotas, caberia a cada um as suas próprias escolhas.

Ao saber desse fato Gregory se remoia em curiosidades ao imaginar em que "mundo" estariam os seus futuros relacionamentos, uma vez que somente ele se encontrava nesse local de paz e esclarecimentos.

As orientações e esclarecimentos que Gregory estava recebendo eram todos voltados para as questões da moralidade.

Deveria ele, juntamente com irmã Neyde, pesquisar com muita responsabilidade seus defeitos, pois estes seriam testados futuramente. Deveria voltar com a mesma promessa feita quando estava em Pedra Gádja onde, em extremada renúncia, se entregou a Deus em promessa de novas atitudes, no momento em que vislumbrou o cortejo de Luz no firmamento.

Gregory, apesar de estar convencido da inexorabilidade das verdades espirituais e também da paternidade Divina, sentia-se amedrontado, o mesmo medo sentido na hora crucial da morte física quando vivenciou seu desenlace naquele cômodo humilde; agora podia perceber que esses dois extremos resultavam em um só, de qualquer forma, era sempre um retorno!

A diferença era que, do mundo espiritual para a matéria, teria de passar por todo o processo natural condizente com as condições humanas. Sentia-se desprotegido ao se imaginar sendo um feto e depois criança...

Uma vez encarnado, e no momento aprazado, teria de assumir as suas responsabilidades na condição de cidadão do mundo, e uma série de fatores seriam condições fundamentais para o sucesso ou o fracasso. Desde a mais simples atitude até a mais complicada delas, os menores detalhes, nada lhe aconteceria sem consequências, sendo pelo lado bom ou ruim, caberia a ele dar o devido valor a cada acontecimento. Deveria ele voltar com pensamentos firmes... Pelos caminhos do Bem, fortificar-se-ia mais ainda.

Evitar a todo custo as trilhas do mal, caminhar com responsabilidade, e do que pôde perceber, não seria uma vida coroada de flores, com ou sem a sua permissão e a dor seria inevitável, e no seu parco entendimento ainda assim, mesmo com toda a sua insegurança, era hora de mudanças. Havia dentro dele necessidade de acertar, mostrar a si próprio que seria capaz de tomar melhores atitudes.

94 | *Travessias e Mágoas*

Entendeu que o regresso de um encarnado para o mundo espiritual, após o processo de recuperação, se souber tirar proveito de suas experiências, suas condições felizes contribuirão para a melhoria de todos. Esse tipo de retorno é coroado de graça e leveza, um regresso para junto dos justos! No entanto, para os que não forem previdentes e mudarem o traçado de suas jornadas, seguindo em direção aos caminhos das sombras; aqueles que fizerem ouvidos de mercador, tanto às suas intuições benéficas quanto o raciocínio lógico, diante de fato que deveriam traçar pelo lado correto, e assim não é feito, com certeza terão perturbações desagradáveis com maior ou menor intensidade. O retorno será amargo e o cenário de suas novas experiências poderá não ser um dos melhores.

Assim foi com ele!

Por meio de orientações, Gregory obteve um breve roteiro de sua próxima encarnação. Existia um segmento, um caminho pré-estabelecido e ele teria a liberdade de escolha, decidindo qual direção seguir, assim também completa responsabilidade pelos atos, pois que ao longo do percurso muitas coisas novas surgiriam por conta da própria vida e circunstâncias, mas qualquer novidade deveria ser analisada mediante as bases do amor, da dignidade e da responsabilidade. Compreendeu, enfim, que deveria realmente voltar o mais capacitado possível para ter condições de levar adiante esse novo trabalho, pois renascer tendo como irmão gêmeo o próprio Mirrandê foi uma surpresa pela qual ele jamais poderia esperar!

Precisou de muitas palestras esclarecedoras para conseguir calçar dentro de seu coração um espaço para aceitar essa novidade. Onde encontraria forças para ter a seu lado e sempre presente uma criatura tão perversa como Mirrandê? Mas, sabia também de seu sentimento nobre pelo amigo. De que forma resolver esse impasse?

Não sentia confiança alguma em sua própria capacidade mental para vencê-lo, para se esquivar de suas maldades, e ainda mais quando foi informado que ele seria uma das âncoras pelas quais Mirrandê se voltaria aos Caminhos do Bem, justo ele! Toda a segurança que o estudo lhes dera veio abaixo ao saber desse fato, e Gregory então acabou entrando em desolação.

Segundo os orientadores espirituais, suas vidas pregressas tinham sido balizadas na amizade e na lealdade, mas muitas vezes em direção ao mal proceder, estabelecendo uma verdadeira simbiose, e que dessa vez sendo ligados pelos laços consanguíneos fortaleceriam essa admiração mútua em direção ao amor, provocando uma separação em que cada um tomaria novos rumos sem se intrometer na individualidade do outro. Seria um período de vida física curta, sem grandes tragédias, deveria ele ser prudente, amoroso e pacífico. Na verdade, era uma espécie de trégua, uma base para o futuro. Aos poucos, iriam sanando seus compromissos cada vez mais fortalecidos, e uma vez fortalecidos resolveriam pendências mais graves, mas sempre em direção ao amor universal, e era nisso que consistia a bondade Divina!

– Mas, como acreditar em si mesmo se ele próprio sabia ser também de personalidade tão falha?

Eram tantas dúvidas que as suas angústias o atormentavam. Voltou-se à meditação procurando cercar-se de fé. E entregou-se nas mãos capacitadas daqueles irmãos superiores que sabiam mais de sua vida do que ele próprio!

Esperava voltar com Fé humana e Divina, desejando sinceramente um dia se lembrar vagamente de que já tinha sido um dos viajantes pelos caminhos das sombras. Lembranças essas apenas o suficiente para não esquecer a dor causada e a necessidade de impedir essa mesma viagem dos desavisados que passariam por sua vida!

Quando foi notificado que logo partiria, juntamente com outros residentes para a preparação de seu retorno e que entraria em sono profundo, em sua última prece, junto à querida Irmã Neyde, agradeceu a ela pelo carinho e pedia ajuda para sua nova etapa.

Em seguida, pediu perdão aos Céus pela falta da tão necessária Fé em Jesus Cristo, pois ele iria precisar e muita...

CAPÍTULO 6

No dia vinte e quatro de abril, do ano de mil novecentos e quarenta e dois, os amigos e familiares se preparavam para uma reunião que fariam ao anoitecer para homenagear um grande amigo, um homem ponderado, sempre disposto a dar uma palavra amiga e que não media esforços em socorrer, de que forma fossem as necessidades dos seus e dos companheiros.

A festa seria na residência de uma de suas filhas, e ele, para não estragar a pretensa surpresa, estendeu um pouco mais os seus afazeres no sítio, assim todos pensariam que ele não desconfiara de nada.

No fim do dia, dispensou o seu ajudante, pegou sua vara de pesca e sentou-se na beira da represa. O sol já havia descido atrás das matas e a sombra das árvores no remanso das águas despertava em seu íntimo paz tão grande que jamais conseguiria explicá-la. Já sentara ali tantas vezes questionando a Deus acerca de quantas dificuldades passara nessa vida. O silêncio da tarde, o som dos bichos no mato se recolhendo, o canto dos pássaros, era como se dali reunisse forças para todas as suas agonias!

Porém, conseguia compreender em estado de relativa aceitação, que não tinha sido, e não era perfeito, mas ninguém poderia dizer que não tentara, ou que já havia desistido. Seus pensamentos se voltaram com saudade de seus queridos pais.

Saimon Huther, o seu amado pai, contava que quando chegara ao Brasil nos meados de mil oitocentos e oitenta e dois, viera à procura de aventuras típicas dos desbravadores, sendo ele uma das centenas de pessoas que veio da Europa conhecer um mundo novo, o eldorado de cada um, uma oportunidade não somente de conhecer novas terras, mas também de fugir das condições difíceis que passavam a sua gente, e, segundo ele jamais se arrependeu de sua viagem, pois terminou por amar mesmo esse lindo país chamado Brasil.

Seu irmão que também viria na última hora desistiu, mas ele fora irredutível, e em suas esperanças ficaria rico e voltaria para a sua terra, mas nas suas andanças por todos os cantos desse Brasil, cinco anos depois de sua chegada, veio a conhecer Joaquina Miranda, uma moça educada em colégio Franciscano, que por pouco não se tornara freira.

Em noites de descontração entre os amigos, seu pai dizia que sua mãe não resistira aos seus belos olhos azuis e à sua voz de tenor apaixonado, isso era motivo de farra; seu pai apesar de tantos anos nessa terra e de jamais voltar aos seus ainda falava com sotaque carregado.

Seus pais se casaram e fixaram morada em uma fazenda perto de seus avós. O proprietário o contratou, ele sabia como tratar algumas pragas relacionadas às plantações, era um homem curioso, encontrava soluções simples e de bons resultados. Conhecimentos trazidos de terras distantes, e do que ele se lembra era um homem culto e inteligente, um verdadeiro cavalheiro e se destacava entre todos com as suas posturas educadas. Sua amada mãe era laboriosa, extremamente cuidadosa em relação à educação e à saúde.

Anos mais tarde, de tanto pensar em sua família reconheceu algo intrigante. Sua mãe, apesar de ser uma filha das terras do Brasil, de nunca ter viajado e seus avós serem pessoas sem cultura, sua mãe não somente se assemelhava a uma dama requintada, mas ainda vivenciava os costumes do seu pai, era como se ela também tivesse vindo de terras distantes!

Os costumes de seu pai, trazidos do velho mundo, ela os aceitou com tamanha naturalidade que era como se ela tivesse recebido a mesma educação. Em sua casa, os horários para todas as atividades eram condições fundamentais aos seus pais, mas lembrava também que desde um simples ato de educação em tenra idade já se podia perceber a rebeldia do seu irmão. Seus pais corrigiam seu irmão com mais frequência, quando era consigo o ato de educar, por medo os acatava, mas no fundo deleitava-se com as negativas do irmão.

Hoje, agradecia a Deus por ter levado a sua mãe ainda jovem, apesar da falta que ela fazia, mas ela sofreria muito ao saber que os seus filhos trariam tantos desgostos levianos sem necessidade.

Quantas vezes ele ouviu ser contada a história de seu e do nascimento do irmão, com orgulho e satisfação de toda mãe amorosa? Segundo sua mãe, Deus resolveu presenteá-la duplamente com dois anjos exatamente iguais!

E depois de tantos anos, ele conseguia lembrar e separar perfeitamente os fatos, pois quando sua mãe relatava esses momentos o seu comportamento era diferente das atitudes de seu irmão. Ouvia cada detalhe, sentia-se amado, como se a sua casa fosse o lugar mais especial do mundo. Havia dentro dele um segredo nunca revelado, não perdia a sua mãe de vista, em meio às suas brincadeiras sempre dava uma corrida pela casa para conferir se ela se encontrava, era uma sensação entranha como se ela fosse partir para bem longe e ele jamais a veria.

Ao passo que seu irmão escarnecia dos casos de sua mãe e ainda o chamava de bebê chorão porque vivia grudado nas barras da saia da mãe. No entanto, o amor dela por eles era tão intenso que não lhe

100 | *Travessias e Mágoas*

permitia ver já desde cedo um coração endurecido no peito criança de seu irmão! Segundo sua mãe, ele nasceu primeiro, vindo a se chamar Paulo Miranda Huther e seu irmão Miranda Paulo Huther. Sua mãe engravidou mais duas vezes, em uma teve um aborto espontâneo e ficara muito doente e na outra perdeu a vida juntamente com o feto, a criança não chegou a nascer; nessa época contavam eles dez anos.

Não encontrava palavras até o momento para expressar a sua tristeza. No período em que ele permaneceu à beirada do caixão até o sepultamento, seu irmão escondeu-se no seleiro sem que ninguém conseguisse tirá-lo de lá. Miranda emudeceu por semanas, essa foi a forma que ele expressou a sua perda. Tempos amargos! Seu pai caiu em profundo desgosto, a casa perdeu a alegria e seu irmão começou a aprontar das suas.

Seu amado pai desgostou a ponto de vender todos os seus bens e se mudarem para as proximidades da promissora cidade de Araçatuba. Comprou esse sítio onde hoje era a razão de sua vida, e também o lugar onde os seus amados pais se encontravam sepultados. Do lado direito, estava a sepultura de sua tia avó materna, uma solteirona que, penalizada por ver a dificuldade de seu pai com os filhos, viera ajudá-lo, do outro lado o túmulo de seu irmão Miranda.

Essa tia passou a ser sua segunda mãe, respeitava-a e procurava obedecê-la, ela já era de idade avançada, enquanto Miranda além de dar trabalho ainda a apelidara de onça pintada. Sua tia tinha uma mancha escura na face do lado direito em toda extensão do rosto, uma mancha de nascença, parecia que ela tinha sido queimada com algo muito quente!

Os meninos nasceram exatamente iguais, as pessoas tinham dificuldades em saber qual deles era quem. Eram dois belos garotos fortes e saudáveis. Seu próprio pai nas horas das corrigendas relacionadas à educação acabava castigando os dois, mesmo que um ou o outro fosse inocente.

Desgostoso com essas lembranças que jamais lhes davam paz passou a mão no peito, ultimamente essa dor o incomodava, deveria mesmo procurar o doutor e sempre deixava para depois. Nos últimos tempos fazia de tudo para apagar as recordações desagradáveis, às vezes, conseguia, de outras entrava nelas como fugas dos seus problemas, mas justo hoje ele estava saudosista, com certeza já eram os sinais da idade. Afinal, hoje completava cinquenta anos, como diziam seus amigos, meio século!

Mesmo a contragosto continuou a se lembrar do passado. Seu pai se estabeleceu na cidade e entrou em um novo ramo de negócios. Juntamente com um sócio, compraram uma olaria e passaram a fazer tijolos. Ele e seu irmão iam para a escola e nos fins de semana voltavam ao sítio. Hoje, avaliando o passado, seu pai deveria sim, ter se casado novamente, com uma mulher em casa talvez pudesse ter sido diferente. Seu pai não teria vivido tanta solidão pessoal e uma esposa, mesmo que fosse uma madrasta ruim, teria sido de alguma forma um elemento balizador nas mentiras de Miranda, porque a pobre tia não conseguia imprimir ordem nenhuma, era mais uma vítima das traquinagens dos dois. Abriu um sorriso que por fim tornou-se uma gargalhada. Seu irmão saía com cada assunto, era tanta criatividade voltada para a baderna que somente mesmo quem conviveu com ele poderia avaliar.

O ato de viver para ele era uma eterna palhaçada, mas com o tempo as brincadeiras de normais passaram a ser carregadas de maldades. No início, ele estava junto em tudo o que faziam, não precisavam de ninguém mais para se divertir, pois os dois eram suficientes, parecia que um completava o outro.

Os primeiros anos de suas vidas foram carregados de lembranças felizes, pescavam ali naquele lago, caçavam passarinhos, armavam arapucas e vezes outras faziam algumas artes sem grandes consequências, coisas de crianças levadas. Sua amada mãe os mantinha nas rédeas curtas, porém suas amarras eram de amor e responsabilidade. Com a falta dela e seu pai sempre no trabalho, eles ficaram meio soltos.

Uma semana antes de completarem treze anos, no final do ano, Miranda em uma de suas brincadeiras de mau gosto levou uma cobra pequena para dentro da sala de aula e a soltou. Na correria dos alunos, todos apavorados, um dos professores muito querido por todos que já não lecionava, seus afazeres no colégio se restringiam a atender na secretaria, vinha caminhando pelo corredor. Os alunos o atropelaram, ele caiu e quebrou o fêmur. Devido à idade avançada, não houve recuperação e o pobre velho passou a andar de cadeira de rodas.

Nada aplacara a vergonha de seu pai, e Paulo fora arrolado nesse episódio, como um trabalho dos dois, e ninguém conseguia acreditar que ele estava fora dessa arte com consequências sérias. Ele não sabia que Miranda faria isso, mas não havia como provar, e naquele dia se desenhara para si a condição de culpado sem merecer!

E Miranda, ao ser questionado por todos, fez questão de dizer que o irmão sabia de tudo, e como viviam fazendo arruaças, estava confirmando sua participação; foi nessa época que começou seu despertar em relação ao comportamento de seu amado irmão.

Começou a perceber que Miranda era frio, não se importava com absolutamente nada, seus trabalhos escolares não eram feitos por ele próprio, e na tentativa de não deixar o pai magoado, era ele que os fazia.

Com o tempo, as brincadeiras de Miranda no colégio e na rua foram sendo carregadas de malícias, sempre em prejuízo a alguém, além do que havia outro fator, ele o intimidava. Perderam-se as contas de quantas vezes o viu fazer traquinagens e teve de ficar calado, caso contrário apanhava e muito, e também não podia contar ao pai. Percebeu que ele era maldoso com os animais, esse fato o desagradava. Parecia que Miranda, de alguma forma, o dominava. Se de um lado o admirava pelas suas bravatas e seu estado de humor, pelo outro sentia espécie de perigo antecipado, como se a qualquer momento algo de trágico fosse acontecer. Essa insegurança o perseguia sempre!

Os anos foram passando, a diferença entre eles ficou mais acentuada; Paulo não deixava de participar das brincadeiras, estava sempre presente, havia um quê de cumplicidade, ele não se atrevia a tanto, mas também não deixava de apreciar a coragem dele. Miranda sempre lhe dizia:

– Você é como eu, só está covarde, parece uma menina!

E isso o irritava profundamente, porque no fundo ele sabia, era verdade. Sem que Miranda percebesse passou a cuidá-lo e a cuidar-se a si próprio. Parecia que pisava em falso, longe da presença física do irmão sentia-se só, e em sua companhia sentia insegurança, a presença dele o intimidava, no entanto sem deixar de admirá-lo.

Aos dezesseis anos, em uma tarde saíram com alguns amigos e foram para o riacho. Ele não queria ir, pois já estava envolvido com os serviços da olaria, fato esse que muito orgulhava o seu pai, enquanto Miranda ficava por ali, falava muito e ria com todos e não fazia grandes coisas. Sem contar que ele não podia nem imaginar o que aconteceria quando seu pai descobrisse que Miranda estava roubando dinheiro! Ao questioná-lo sobre o roubo

104 | Travessias e Mágoas

do próprio pai, Miranda lhe deu uma resposta estranha que não conseguiu entender até hoje. Ele lhe disse algo assim:

– Me admira, justo você, que é um ladrão e não sabe ainda?

Por vários dias, Paulo esteve magoado com essas palavras, ele não era nenhum ladrão, ainda mais do seu próprio pai. Ao chegaram ao rio, passaram uma tarde inteira nadando, entre uma farra e outra, mas, descobriu que seu irmão levara aguardente, essa novidade o desgostou, teve de prometer diante de suas ameaças se calar.

Entre os amigos, havia um deles, um menino franzino e de má índole que parecia ser jovem, mas já contava com mais de vinte e dois anos, vivia entre as arruaças das ruas e metido com a milícia.

Entre uma discussão e outra, começaram a se bater e Miranda levou um soco no olho e ficou com hematomas. Não houve como não levar o caso para dentro da família, e nos dias seguintes entre os comentários das pessoas da cidade, mais uma vez eram os irmãos Miranda os maus elementos que arrastavam os filhos dos outros para o mau caminho.

Começou a perceber que os amigos faziam também as suas arruaças, porém a culpa já tinha destino certo! Os boatos das senhoras nas janelas, os olhares de indignação dos que se diziam cidadãos de respeito envergonharam seu pai dessa vez de uma forma acintosa, mais ainda, o incidente no colégio jamais fora esquecido, juntando-se a esse cada vez se agravava mais. Um homem trabalhador e honrado deixando soltos dois maus elementos, prejudiciais aos bons costumes. À noite na cozinha, sua tia chorava já imaginando o pandemônio que iria virar nos próximos dias, enquanto ela passava unguento no rosto de Miranda.

Seu pai calado parecia que não tocaria no assunto, afinal já fazia dois dias do acontecido. Mas, ele sentou à mesa com uma postura solene e perguntou como tinha acontecido o tal desentendimento. Miranda, com a cara mais inocente do mundo, jogou toda confusão para cima do irmão, contou uma história longe da verdade, a ponto de dizer que ele estava bêbado, e na verdade o estava defendendo!

Ao presenciar o descaramento do irmão, Paulo perdeu a fala e não conseguia desmentir! Precisava se defender, mas as palavras não vinham, era como se ele fosse realmente culpado, impermeado nas falcatruas, fora arrastado em meio ao problema e não conseguia desvencilhar-se. Miranda, já há tempos extrapolava os seus limites, mas dessa vez foi longe demais. Seu pai, andando de um lado ao outro completamente indignado, virou-se para Paulo e o apontou também na questão do dinheiro roubado, uma vez que era ele que ficava mais tempo na fábrica. Ele os chamou de ingratos e filhos malditos, que o envergonhavam diante de todos, dia a após dia!

O pai os chamou de descarados pelo fato de usarem a semelhança física para aprontarem das suas! Enquanto seu pai exaltado dava o seu sermão e mostrava seu profundo desgosto, Miranda olhava-o com malícia e sorriso disfarçado, enquanto ele sentia as lágrimas escorrerem. Sua tia, percebendo os olhares de Miranda, e já no limite de suas forças, uma vez que ela sabia que arte os dois faziam, mas que Miranda era ruim, ela perdeu a paciência e deu um grito! No ímpeto de sua indignação, pegou um pedaço de madeira no fogão com suas brasas vermelhas e encostou com vontade no braço esquerdo de Paulo, arrancando a pele branca e exalando um cheiro de gordura queimada!

Quando gritou de dor, juntando a voz alterada das reclamações da tia, tirando a atenção do seu pai do sermão que fazia e se sentindo completamente perdido com uma dor infernal, não

106 | Travessias e Mágoas

conseguia entender as atitudes da tia, e com certeza naquela hora muito menos o seu pai. Miranda parecia se divertir com tudo isso soltando uma gargalhada que encheu a cozinha; sua tia com a voz entrecortada desenrolou o seu novelo...

– Veja você Saimon, agora está mais fácil, Paulo está marcado!

– De agora em diante todos vão saber quem é quem em meio a essas confusões todas, e você sendo pai se não tivesse aí se sentindo o homem mais sozinho do mundo, como se fosse o único viúvo na face da Terra, estaria já de tempo sabendo quem são os seus filhos!

– Amanhã vou dessa casa, meus serviços aqui já não têm mais sentidos, estão todos criados. Já estou velha demais para aguentar as maldades de Miranda, suas brincadeiras de maus-tratos; um de seus filhos já nasceu completamente estragado e você ainda está em tempo de não deixar acabar de apodrecer o outro. Já de tempos Miranda faz o que quer e não sei por que Paulo se cala e leva a culpa do que não fez! Mas acaba aqui a parte que me compete. E saiu da cozinha resmungando e dizendo ir-se embora e foi mesmo no outro dia bem cedo! Foi morar com uma sobrinha que residia em um sítio distante.

CAPÍTULO 7

Sem a presença da tia suas vidas ficaram complicadas, mesmo com a idade ela era laboriosa e seu pai não arrumou uma ajudante, tiveram eles mesmos de se virar, mas não se podia contar com Miranda, ele jamais estava disponível para trabalho algum. Nessa época, apesar de não entender de serviços e obrigações de uma casa, Paulo compreendeu que ali era seu lar e os objetos deveriam ser cuidados. Ajudava seu pai ao máximo, tanto na lida da casa, na vila quanto no rancho, e também no lavor das plantações, enquanto Miranda mal cuidava de suas próprias coisas. Quando ele ajudava havia sempre interesses por trás!

Sua tia um ano depois voltou para fazer tratamentos de saúde e faleceu no mês seguinte, foi sepultada em um pedaço de terreno perto de um cruzeiro. Seu pai ainda não havia construído a capelinha de Santa Edwiges. Dois anos após o sepultamento dessa tia foi que seu pai buscou os restos mortais de sua mãe e assim se desenhou o cemitério da família.

Essas lembranças, agora na altura da vida, eram até engraçadas. Paulo passou a mão na cicatriz feia e grande, a pele enrugara, mas verdade seja dita, sua tia lhe fizera um grande favor!

Ele passou por defesa, a usar sempre a camisa com as mangas dobradas, exibia com certo orgulho a sua diferença. E ainda assim amava seu irmão de verdade, e ele posteriormente fazia troça dessa diferença entre os dois.

Sentiu a vara fisgar um peixe, retirou-o e colocou no embornal, amarrou e jogou-o na água, iscou o anzol novamente, as ondas das águas em círculos, em volta do anzol jogado pareciam sua vida, as ondas longes eram partes dos que se foram e as de perto as que iriam também.

Dois anos mais tarde, seu amado pai vendeu a sua parte nos negócios da olaria e se estabeleceu de vez no rancho, foi trabalhar a terra como sempre gostara e Miranda, sem ocupação nenhuma, vivia da cidade para o rancho e do rancho para a farra, e ele começou a trabalhar no armazém do português João Vilas Morais. Houve, enfim, certa distância física do seu amado irmão, de resto uma ligação especial e de sua parte certa tristeza, cada vez mais acentuada, pois percebia que nos caminhos de Miranda a responsabilidade não encontrava guarida.

Era angustiante sua intimidade, de um lado ele queria que seu irmão fizesse da mesma forma que ele, que trabalhasse e ajudasse a cuidar do rancho e do pai, sem contar que isso também ajudaria a deixar de lado sua dúbia personalidade.

Com o irmão ao seu lado os dois conseguiriam se tornar homens de verdade, era isso que pensava. Ele no fundo sabia que não era nenhum modelo de perfeição, mas fora obrigado a ser, pelo menos um deles deveria dar gosto ao pai, mas confessava para si que em muitas das farras, ele gostaria de estar junto nas badernas do irmão. Passava uma sensação de que enquanto ele trabalhava seu irmão aproveitava a vida e vivia melhor do que ele! E nessa luta entre o certo e o errado, fazer ou não, a verdade era que Paulo pensava muito e Miranda fazia demais, e esse "demais" feito por ele causava desgostos constantes. Ele percebeu com tristeza que não importava o tamanho dos erros, os resultados destes são sempre desgastantes, e seu amado irmão mostrava isso todos os dias!

Sua primeira briga de verdade com Miranda foi em uma época ruim, já estavam com vinte e três anos, uma fase em que a mágoa ganha mais força, o período infantil já tinha passado e cada um já definido a sua opinião e orgulho. Em uma festa de um arraial vizinho conheceram Lucélia! Uma moça quatro anos mais velha do que eles, herdeira de vários hectares de plantações de café. Moça viajada que tinha mal chegado da França. As novidades da moda feminina eram as suas armas. Ao lado das mulheres simples, sem dinheiro e cultura, não havia comparações e diante dos homens, seu comportamento avançado assim também o seu perfume provocavam disputas. Embora não precisasse de nada desses adereços era rica e muito bela!

No dia da inauguração da festa havia um burburinho entre os rapazes, todos comentavam a chegada da filha de um dos fazendeiros da região. Alguns deles com tristeza já auto se excluíam, sabiam não ser ao menos percebidos por ela, afinal eram miseráveis, e uma moça bela e rica certamente casaria com alguém do seu meio, mas admirá-la podiam sim!

Do outro lado de onde eles estavam com esses comentários no dia da festa, haviam mesas decoradas com tolhas de linho e flores no centro da mesa onde estavam acomodados os nobres convidados da região. O leilão começaria logo em seguida, fogos sendo soltos ao som de uma dupla de violeiros. O padre e as beatas cumprimentavam uma por uma daquelas famílias importantes, afinal dali tinham saído as prendas e também sairiam os lances.

Miranda, falacioso como sempre, dizia aos amigos que com dinheiro ou sem, essa moça iria de um jeito ou outro perceber a sua presença. Era divertido vê-lo contar vantagens, ele possuía o dom de cativar as pessoas. Parecia que sua mente trabalhava à frente de todos, e ele sabia que sim. Suas respostas eram inteligentes e

110 | *Travessias e Mágoas*

provocavam risos. Mesmo quem o recriminava acabava no final balançando a cabeça e saia rindo!

Lembra-se como se fosse hoje, saiu de perto dos seus amigos e contornou pelo lado de fora da tenda na esperança de ver se a moça era realmente tudo que falavam e parcialmente no escuro podia observar sem ser visto.

Em uma das cadeiras estava sentada uma verdadeira rainha! Como que uma moça podia usar cabelos tão curtos? Seus cabelos eram castanho-claros, olhos verdes e grandes, sobrancelhas pretas, os ombros desnudos com um vestido preto sem alça e uma echarpe alaranjada de um tecido tão fino como fina era sua pele.

Seus brincos grandes e coloridos, diferentes de tudo que ele já vira, combinava com várias pulseiras em seu braço delicado. Quando sorria seu rosto adquiria expressão infantil, irresistível a qualquer um! Apaixonou-se naquele momento, sentiu algo estranho, como se já a conhecesse. Aquele olhar, às vezes, firme quando respondia algo a outros que a interpelavam, e a suavidade e a inocência que transmitia quando sorria, ele tinha certeza, não sabia quando e nem onde, mas já vira aquela moça, uma sensação estranha dentro do peito, ele parecia um coelho assustado!

Sabia que se enganava, afinal nunca viajara, mas era prazerosa essa impressão de que já a conhecia, e estranho era a sensação de perigo. Saiu dali e procurou os seus amigos, não podia contar a eles a sensação desconfortante que sentira ao vê-la, viraria chacota de todos. Perambulou tentando encontrar uma desculpa para se aproximar dela e observar mais de perto essa moça.

Lá pelas tantas foi surpreendido, ao ver no meio da pista justamente Miranda, ele estava dançando com ela, sentiu ódio repentino do irmão, era sempre assim, enquanto ele ponderava tudo, Miranda se atirava em sua frente!

Foi tão profundo seu desgosto que sentou em algumas tábuas velhas amontoadas que estavam por ali. De cabeça baixa não percebeu que Miranda a arrastava em sua direção, e quando se deu conta ele já estava apresentando a moça a ele. Esticou sua mão para as apresentações e sua voz não saia. E ela ficou maravilhada em ver como eles eram parecidos!

Lucélia encantou-se com os dois irmãos, para ela era uma novidade rara, dois belos moços completamente iguais; não descartou nenhum dos dois, e com sua malícia os deixou apaixonados. Foi o seu primeiro amor, ainda hoje sente o coração bater diferente ao se lembrar dela, um segredo guardado a sete chaves!

A partir desse dia, fazia de tudo para encontrá-la, seja na pracinha da igreja, ou nos piqueniques inventados por ela mesma, ou só com ele, e ela várias vezes com os dois, era assim que se desenrolou o episódio.

De sua parte sempre houve um relacionamento de respeito, esperança de que ela colocasse um fim nesse jogo e decidisse com qual dos dois ficaria para sempre! Quando estavam os três juntos, seus assuntos eram divertidos, se não houvesse por parte dos dois interesses nela como namorada, poderiam se tornar grandes amigos. Ela era alegre, inteligente e maliciosa, do mesmo jeito que Miranda. Sua timidez, enquanto para ele era uma barreira, para ela era um encanto!

Miranda, na presença dela e dos outros amigos, fazia de conta que era moderno e se dizia pronto para as aventuras, quando a realidade era outra, estava tão envolvido e apaixonado quanto ele. O jogo dela era capcioso, na época eles não perceberam, ela jogava um contra o outro, fazia comparações, provocava disputas, deixava transparecer que a qualquer momento um deles seria o escolhido.

Enfim, eles brigaram e ficaram um ano sem se falar, e ela namorando os dois, e as contendas chegaram às agressões físicas. Mas, nessa época seu pai adoeceu, enquanto ele era obrigado a cuidar do pai e do rancho, seu irmão ganhava terreno em sua frente nessa disputa infundada. A doença do pai e os trabalhos no rancho não afetavam o seu irmão, era como se não fizesse parte daquela pequena família. Muitas vezes, ouviu seu pai se lastimar, ele não conseguia entender as atitudes do filho.

Acicatou entre os dois um antagonismo diferente, suas contendas eram de personalidade. Miranda tentou de todas as maneiras arrastá-lo para seu estilo de vida, e ele tentava resistir para não dar ao pai mais desgosto e por ver que realmente não valiam tanto a pena os desatinos do irmão.

Com a presença dessa moça em suas vidas se estabeleceu a rivalidade masculina, em que o vencedor se destacaria tendo como prêmio a moça mais bonita da região aos olhos dos outros, mas para ele era sim um grande amor, tanto assim que jamais a esqueceu. A rotina de Miranda se tornava cada vez mais desregrada; se havia o mal feito, de um jeito ou de outro ele se encontrava por perto, e esse comportamento era incentivado por ela. Achava-o destemido e moderno, enquanto ele, Paulo, ela dizia ser um moço ponderado e ajuizado, e o cobria de elogios.

Esse triângulo amoroso na verdade não era bem assim. Hoje, Paulo sabe bem que para ela foi apenas um capricho, um passatempo de uma moça estudada e viajada, com dois caipiras do interior, que era mantido com os recados de sua criada, uma moça espevitada, que a seguia como um cão de guarda. Ele não conseguia nem ao menos falar direito o que precisava com essa criada, os olhos dela lhe passavam repulsas.

E ele por sua vez bem desgostoso porque Lucélia não definia por nenhum dos dois, e ela dizia descaradamente que os amava por igual e que a solução seria um duelo!

Dizia-se orgulhosa em saber que dois belos rapagões a disputavam, havia nela uma espécie de sentimento traiçoeiro quase sádico, que por pouco não acontecera, só mais tarde com a idade ele pôde perceber isso.

Mas, que ela era bela? Há... Se... Era!

Quando veio a notícia do casamento de Lucélia com um dos fazendeiros da região o mundo explodiu em suas cabeças, e eles voltaram a se falar, pois haviam percebido o jogo dela. Em verdade, eles nunca passaram de um dos seus caprichos. Jamais passou tanto medo como naqueles dias; conversou seriamente com o seu pai, perdeu o medo que tinha dele em expor a sua opinião claramente em relação ao irmão, e não largou mais Miranda um segundo sozinho, foi mesmo com a ajuda de Deus que impediu Miranda de matá-la.

Noites a fio, madrugadas afora na tentativa de fazê-lo mudar de ideia!

Ele guardou seu sofrimento e Miranda aproveitou a brecha para cair na bebedeira de vez. Bastou um descuido seu, e um dia Miranda foi tirar satisfação com Lucélia em suas terras. Em uma tarde de domingo, a fazenda se encontrava cheia de pessoas, foram todos desmoralizados por ele e ela tendo sua suposta honra jogada na lama, em frente a todos!

Lucélia mandou o capataz enxotá-lo de sua casa e escarneceu-se de sua pretensão em amá-la, na confusão esse homem o esfaqueou e Miranda por um triz não veio a perder a vida. Quando saiu a seu encalço já o encontrou esfaqueado! Por sorte, o capataz

114 | Travessias e Mágoas

da fazenda que o esfaqueara escapou também do tiro que levou de Miranda.

Paulo saiu do serviço do armazém e foi cuidar do irmão, seis longos meses acamado. O médico da cidade e as senhoras benzedeiras não sabiam como ele escapara, diziam todos que ele nascera novamente. Uma pergunta que se perdura até os dias de hoje, por parte da família dela, não houve queixas na justiça, foi como se nada tivesse acontecido!

Seu pai, nesse período de convalescença do seu irmão, voltou a ser como nos velhos tempos, afável e carinhoso. Ele pôde perceber seus conselhos sábios e também um novo quadro se desenhara. Miranda deveria ter algum desvio mental, nem esse fato o fizera mudar sua opinião diante da vida. Mas, os seus relacionamentos voltaram a ser cordiais carregados de malícia, e ele a se divertir com a visão em relação aos acontecimentos por parte de seu querido irmão. Compreendeu, enfim, que deveria amá-lo sem exigências e ficar preparado para qualquer eventualidade.

Agradeceu muito a Deus quando um milagre aconteceu. Lucélia logo após o seu casamento voltou para a França, mas levou parte de seu coração e com certeza despedaçou o de Miranda também. Jamais ouviu seu irmão se dizer envolvido de maneira séria com uma moça de família. Seus relacionamentos começavam no fim do dia e terminavam ao amanhecer!

Estabeleceu-se entre os dois irmãos um acordo tácito, reconheceram suas infantilidades diante do falso amor de Lucélia e nunca mais falaram no assunto entre si, sobre esse episódio tão marcante e amargo, era como se tivesse medo de mexer em uma ferida aparentemente curada.

Três anos se passaram, ele trabalhando de sol a sol, Miranda na vida e na arruaça e seu pai que veio a falecer de repente.

Miranda o surpreendeu nesses dias, não derramou nenhuma lágrima, mas também não praticou nenhuma de suas brincadeiras de mau gosto. Uma semana depois, ele ajuntou as suas coisas e disse que viajaria por uns tempos. Uma vez que ele ficaria fora, o questionou sobre a partilha dos bens, seu irmão colocando a mão em seu ombro e lhe disse:

– Prometa-me contratar o tabelião e faça um documento passando a minha parte para ti, mas jamais venda nada do que o nosso pai construiu, tudo indica que morrerei cedo, quando eu aqui retornar vou assinar.

Quis contradizê-lo, remover a ideia de sua partida, mas ele nem lhe deu atenção, recebeu um abraço forte de seu irmão enquanto ele falava em seus ouvidos como se fosse um segredo:

– Você é o único motivo de orgulho para mim, eu queria ser como tu, perdoe-me, mas não consigo...

Terminou de dizer essas palavras, pegou suas coisas e saiu porta afora sem olhar para trás.

Ao relembrar esse fato limpou as lágrimas com a ponta da camisa, jogou a linha novamente nas águas da represa e praguejou. Naquele dia, ele se sentiu falho, chorou muito sozinho no rancho, partiu para longe um pedaço de si, a morte de seu pai não o afetou tanto quanto a partida de sua metade! Seu amado irmão estava saindo de sua vida, uma solidão diferente entrou em sua mente, ele não conseguiu ser como ele era. E ele não veio em sua direção. Ao vê-lo partindo ficou com a nítida certeza de que não somente acabava ali sua pequena família, e também sem Miranda a vida perderia a graça. E de fato hoje sabe, nem mesmo as filhas preencheram essa lacuna, por elas há outro tipo de amor.

Era assim que via o seu irmão!

116 | *Travessias e Mágoas*

Deveria deixar essas lembranças e ir para casa, a tal festa logo estaria cheia de gente e Romilda já devia estar bem brava com a sua demora, mas jogou a linha na água outra vez.

Casou-se com uma amiga de infância, uma moça honesta e de boa família, na verdade eram quase parentes. Romilda, sua esposa dedicada e ressabiada, parecia que tudo que ele fez ou fazia não conseguiu e não consegue transmitir-lhe segurança. Vinte anos de casados e ela ainda não confiava em absoluto nas suas atitudes, era como se a qualquer momento ele fosse colocá-la porta afora na rua da amargura ou desaparecer sem deixar rastro. Não tirava a razão dela, hoje sabia disso, ele nunca a amara de verdade, uma vez que Lucélia levou seu coração para sempre!

Encontrou em Romilda um amor diferente e estável, ela lhe transmitia segurança, a mesma que sentia com a presença de sua mãe. Era carinhosa, encontrava sempre uma palavra amiga nas horas difíceis, parecia que entendia as dores de todo mundo, seu coração generoso o cativara. Era como se ela tampasse um pouco as lacunas deixadas pelos seus. Sua postura ponderada o ajudou a se tornar um homem de verdade. Durante esses anos todos não conseguiu retribuir a ela o devido amor dispensado à sua pessoa. No fundo, Romilda assemelhava-se mais a uma irmã que não teve, seu amor era muito próximo ao que dispensava a Miranda. Esse era um desgosto com o qual ele teve de aprender a conviver.

Afinal, ela era inteligente e vez ou outra o questionava a respeito do que seria preciso fazer para ele amá-la. Até mesmo quando eles brigavam era ela a pôr fim nas contendas. Era sim um homem de sorte, a sorte que seu irmão não teve.

As notícias de seu irmão apareciam em cada canto desse rincão, na última carta encontrava-se no Rio de Janeiro. Sem a presença de Miranda as pessoas pararam de associá-lo, passou a ser visto como um homem honrado. Disso ele sabia!

Mas, em todos os seus negócios, por mais que tentasse negociar corretamente, lá no final alguém de uma forma ou de outra lhe passava as pernas financeiramente. As dificuldades lhe bateram à porta inúmeras vezes, algumas difíceis de ser corrigidas. Seu cunhado ocupou o lugar de seu irmão, vive até hoje trazendo problemas, com uma diferença, seu irmão não era covarde. Fazia suas arruaças e assumia, doesse a quem doesse, e a única pessoa que Miranda tentava arrolar em suas traquinagens era ele mesmo, os outros não! Os outros o acompanhavam por conta de suas más índoles, hoje ele consegue fazer bem essa distinção.

No dia doze de maio, quando sua filha mais velha completou dez anos e sua mulher preparava uma festinha, chegou o carteiro o procurando, dessa vez já morava na cidade, sua família durante a semana se empenhava em estudar os filhos, para o mundo que viria pela frente, deveriam estar preparadas. Abriu a carta escrita com letra desconhecida, o nome do remetente era de uma mulher e a notícia era do falecimento de Miranda dias passados. Oito longos anos sem vê-lo, e essa carta, um pedaço de papel, trazia-lhe uma dor inexplicável! Os familiares o consolavam, recebia tapinha nas costas, mas no fundo os olhares deles eram de quem já esperavam. Ele sabia disso, mas nunca perdera a esperança de vê-lo retornar com sucesso, mais equilibrado, um homem diferente. Ao terminar de ler a carta naquele dia desceu as escadas da porta da cozinha e caminhou em direção ao fundo do quintal sentando-se à sombra de um abacateiro e pôde, então, amargar os seus pensamentos um pouco sozinho!

Tempos depois, Romilda veio chamá-lo, os convidados já haviam chegado, sua filha esperava para cantar os parabéns. Acabou

dizendo a ela que já subiria, mas ela indignada com a sua resposta ou com sua dor, parada com as mãos na cintura, saiu com certas palavras que o deixaram desnorteado, até agora, não sabe de onde ela tirou palavras tão duras e por quê. Disse ela algo assim:
– Não sei para que tanto sofrimento? Seu irmão era um irresponsável, se foi sepultado longe dos seus foi por opção. Sabe o que é tristeza, Paulo?

"Tristeza mesmo é quando se tem que sepultar sozinha um dos nossos, sendo honrada e que fora escorraçada de sua própria casa sem merecimento!".

Lembra bem que ao ouvir essas palavras sem sentido levantou a cabeça e ficou olhando Romilda, completamente perdido. Afinal, a que ela se referia, baseada em quê? Do que sabia ela, nunca fizera nada parecido! O jeito que ela falou, o seu olhar, a altivez com que foram ditas essas palavras era como se ela estivesse retalhando alguma desfeita que ele cometera! Decididamente, por mais que tentasse não compreendia essa mulher! Às vezes, ela saía com assuntos sem pé e sem cabeça e ela falava com tanta convicção que ele acabava se sentindo culpado por algo que ele não tinha vivido, e muito menos ela. Isso o deixava desgostoso e intrigado!

O resto da noite, naquele dia, e por muitos meses perdeu as contas da vontade que tinha de largar tudo e sumir no mundo para nunca mais voltar. Foi sim uma vida amarrada, sendo forçado a trilhar caminhos que a vida ditava como corretos. Quanta vez questionou essas verdades, o que realmente era o certo. Certo para quem? Os anos passaram e a chamada paciência preencheu espaços consideráveis em seu coração, foi dela que tirou forças para mais uma contenda com a sua esposa ao partir três anos após o falecimento do irmão para buscar os seus restos mortais.

Foi depois desse ato que se sentiu em paz, os restos mortais de seu amado irmão estavam finalmente juntos aos restos mortais dos outros entes queridos, de onde nunca deveria ter saído!

E hoje, com cinquenta anos, as coisas da vida já se acertaram um pouco. Romilda já não mostrava mais tanta instabilidade, seus negócios caminhavam de maneira mais equilibrada. E era melhor deixar essas lembranças caírem de vez no esquecimento, se preparar para esperar os netos que logo estariam por ali e definitivamente parar de se perguntar se a vida de um ser humano se resumiria nisso!

Amar, sofrer, errar, aprender, esperar, e depois de tanta luta, como prêmio a terra fria!

Mas, ainda não acabara a luta.

Não saberia onde arrumar estômago para gostar um dia do tal genro, marido de Sônia, sua filha, e por falar nisso a festa de seu aniversário era na casa dela que se casara com o infeliz do filho do italiano, dono da casa de carne. Não gostava do moço mesmo antes de ser seu genro, aquele italiano dia menos dia aprontaria das suas, estava escrito na sua face. Um moço arruaceiro como Miranda, era como se a história tivesse a obrigação de se repetir, e achava que a sua amada filha merecia coisa melhor.

O rapaz vivia de jogatinas, causando prejuízos a terceiros, ele mesmo já havia pagado dívidas de jogos do maldito para não ver perecer sua filha. Certo dia, ao falar com Romilda sobre os desatinos do genro e que posturas eles deveriam tomar, afinal era um moço perdido, mais uma vez ela lhe saiu com algo estúpido e sem sentido. Ela lhe disse:

– Não podemos fazer nada, foi escolha de nossa filha, se alguém precisa fazer algo é ela, cabe a nós respeitarmos as decisões dela e ajudá-la quando ela pedir, e mais, "aqui se faz aqui se paga",

120 | Travessias e Mágoas

se você está tão incomodado é porque tem culpas, está pagando, deve agradecer a Deus por isso.

Verdade seja dita, ainda mais hoje que estava saudoso e reflexivo, foi sim um casamento sem eira e nem beira no que se refere à sua individualidade. Constituiu família com uma mulher de fibra, ela era sim o seu porto seguro, mas não houve mesmo amor e o pior de tudo, nem da parte dela. Era como se um estivesse amarrado ao outro por um compromisso que nada rompeu apesar de tudo! Mas, como ele não era Deus, e não podia mudar o destino de ninguém, se nem o seu foi melhorado, que seja!

Enrolando a linha agradecia a Deus por ter conseguido chegar aonde chegou na sua vida, só ele mesmo sabia a luta que travara dentro si, para hoje participar dessa festa em estado de tranquilidade e ainda ser agradecido pelos amigos que o rodeavam, os verdadeiros e os interesseiros.

Ouvindo passos em sua costa, virou-se pensando ser o ajudante do rancho, mas o que viu foi uma senhora de meia-idade, muito bonita se aproximando e sorrindo... Ficou maravilhado com aquela visão. Uma mulher de cabelos grisalhos presos no alto da cabeça, vestia uma túnica de tom amarelo bem claro, longa até os pés, e seu rosto estava iluminado!

– E de onde ela havia saído?

– Como tinha chegado até o rancho? E quem era? Uma senhora fina como aquela não poderia estar perdida nesse cafundó, ainda mais à noite.

– Olá Antony Gregory, como tem passado meu amigo?

Ficou olhando para ela com a sensação de que a conhecia de algum lugar.

– Desculpe senhora, acho que está havendo um equívoco!

– Sou Paulo Miranda Huther, aqui por essa região nunca ouvi falar dessa pessoa a que se refere, mas se me explicar direito posso sim ajudá-la a esclarecer as suas dúvidas!

– Eu sabia que podia contar contigo, pode me acompanhar Paulo e serei grata pela sua ajuda.

Deixando a vara de pesca no chão limpou as mãos na roupa e a acompanhou em direção ao seu rancho. Ofereceu uma xícara de chá, e ela aceitou prontamente. Intrigado, perguntou de onde ela viera...

Com um sorriso dos mais lindos que ele já vira ela respondeu ser de bem perto!

Nesse colóquio, não percebeu que na verdade não tomaram chá, estavam caminhando e entrando novamente no belo jardim, onde por muitas vezes recebera orientações de irmã Neyde.

– Como é sua graça senhora?

– Neyde...

Enquanto isso, os amigos e familiares, com sua demora exagerada, dirigiam-se ao sítio à sua procura, e próximo às vinte horas o encontraram! Seu corpo já estava frio, ao morrer de um ataque cardíaco, suas pernas ficaram dentro das águas da represa, e em sua expressão facial havia um quê de sorriso...

Deixou saudades e levou consigo as lembranças dos seus amados, um equilíbrio íntimo conquistado que jamais será perdido. Os sentimentos antagônicos dos que passaram por sua breve vida terrena não foram acicatados, por atitudes tão desastrosas.

– Neyde? Senhora... Que interessante parece que a conheço de algum lugar!

– Com certeza Paulo... Com certeza!

– Venha, vou te mostrar algo que vai gostar, – disse ela.

Antony Gregory... Ou Paulo Miranda Huther, extasiado com tamanha beleza existente naquele jardim, e um céu coberto de estrelas tão lindo que ele jamais vira igual, sentia-se minúsculo diante da grandeza daquele espetáculo!

Emoção repentina explodiu em seu espírito, abrindo os braços como uma criança, rodopiou sorrindo... De alguma forma ele se encontrava em um lugar onde sentia o seu coração aquietar-se, e dessa vez para Gregory um pouco mais de paz!

E a senhora Neyde sorrindo acenava com a mão convidando-o a prosseguir, e o convite era irresistível, acompanhava-a extasiado e sem perceber, realizando a sua travessia...

Fim

Todos os nomes e lugares são fictícios.